Hans-Hermann Höhmann

Das Ritual in der Humanistischen Freimaurerei

SALIER VERLAG

Hans-Hermann Höhmann

Das Ritual in der Humanistischen Freimaurerei

Funktion, Struktur, Praxis

Salier Verlag Leipzig

ISBN 978-3-943539-42-4

Originalausgabe

Umschlagmotiv: Gemälde von Petra Talsma
Satz und Herstellung: Salier Verlag, Leipzig
Printed in Germany

www.salierverlag.de

Die größten Ereignisse –
das sind nicht unsre lautesten,
sondern unsre stillsten Stunden.

Friedrich Nietzsche
„Also sprach Zarathustra“

Vorbemerkung

Mit der Erörterung der Rolle des freimaurerischen Rituals setze ich meine Studien und Vorschläge zum *Konzept einer Humanistischen Freimaurerei* fort. Im Rahmen dieser Konzeption ist das Ritual keineswegs die ganze Freimaurerei. Doch es gehört wesentlich zur Freimaurerei dazu, und es ist das, was Freimaurerei von anderen humanitären Bünden unterscheidbar macht. Um das Ergebnis meiner Überlegungen vorweg zu nehmen: Das Ritual besitzt keinen Offenbarungscharakter, vermittelt keine Heilslehren und hat keine magische Qualität. Es begründet keine Religion und sollte auch keine ersatzreligiösen Funktionen übernehmen. Es ist ein spezifisches Medium symbolischer Kommunikation. Es vermittelt Denkanstöße, öffnet das Bewusstsein des Maurers für ein Wahrnehmen bisher verborgen gebliebener Schichten der Persönlichkeit, lehrt durch Symbole und rituelle Handlungen und vermittelt der sozialen und diskursethischen Praxis der Loge eine die Gesamtperson des Bruders erfassende spirituelle Grundlage.

Resultat ist eine Freimaurerei, die *Gemeinschaft, Ethik und Ritual als Einheit* umfasst. Insbesondere Gedankenwelt und Ritual stehen sich in der Humanistischen Freimaurerei nicht mehr unvermittelt gegenüber. Ich sehe in der Humanistischen Freimaurerei eine Konzeption, von der nicht nur Impulse in Richtung einer geordneten und widerspruchsfreien Struktur und Praxis des Freimaurerbundes ausgehen könnten, sondern auch ein klares, von okkulten Entstellungen

und politischen Verdächtigungen freies Freimaurerbild für die Öffentlichkeit.
Es ist mein Anliegen, das freimaurerische Ritual nicht isoliert, sondern in seiner Beziehung zu den anderen Strukturelementen der Freimaurerei und zum Gesamtkonzept der Humanistischen Freimaurerei zu betrachten. Auch interessieren mich die vielen, immer wieder in Ritualunterweisungen dargestellten Details der freimaurerischen Symbolik weniger als die Bedeutung, die das Ritual als gemeinsames symbolisches Handeln für die Festigung der Logengruppe und die Herausbildung eines individuellen „freimaurischen Habitus" besitzt. Deshalb habe ich mich auch – was in der Freimaurerei selten geschieht – eingehend mit der Frage beschäftigt, was die moderne Ritualtheorie zum Verständnis der freimaurerischen Rituale beitragen kann.
Selbstverständlich ist alles, was ich hier – in Weiterentwicklung und Fortschreibung bisheriger Überlegungen und Analysen – ausführe, vorläufig und als Einladung zum Diskurs gedacht. Zu danken habe ich vielen Brüdern, Freunden und Berufskollegen, die mein Denken angeregt haben, insbesondere aber meinen Freunden Thomas Forwe, der das Manuskript kritisch durchgesehen hat, und Bastian Salier, der auch diese Arbeit in das Programm seines Verlages aufgenommen hat.

Köln, im Januar 2016
Hans-Hermann Höhmann

1. Einleitung

Wie kann die Freimaurerei heute – nach bald 300 Jahren einer wechselhaften, phasenweise dynamisch-expansiven, zuweilen aber auch diffus-stagnierenden Geschichte – als sozial und kulturell bedeutsame *Gemeinschaft, Idee und rituelle Ausdrucksform* verstanden und nach innen und außen überzeugend praktiziert werden? Wie kann die Freimaurerei Menschen ansprechen, die humanistische Werte bejahen, mitmenschlich handeln wollen und für ihr Leben Sinn suchen? Um welche Kultur der Geselligkeit, um welche konzeptionellen Grundlagen, um welche rituelle Praxis hätte sich eine solche Freimaurerei zu bemühen?
Vermutlich gibt es mehr als eine Antwort auf diese Fragen, und je offener und innovativer die *Freimaurer* (und inzwischen ja auch die *Freimaurerinnen*) in den von ihnen geführten Diskursen über Gegenwart und Zukunft ihres Bundes sind, desto eher wird es gelingen, Entwürfe zu erarbeiten, die einerseits bewährten Überlieferungen der freimaurerischen Tradition folgen, doch andererseits tauglich sind, viele Ungereimtheiten und Widersprüche zu überwinden, die heute in der Freimaurerei anzutreffen sind, und die gleichfalls Bestandteil der historischen Erbschaft des Bundes sind.
Meine Modellvorstellungen für eine gegenwartstaugliche Freimaurerei, über die ich wiederholt publiziert habe[1], sind

1 Vgl. vor allem Höhmann, Hans-Hermann: Zwischen Aufklärung und Esoterik. Humanistische Freimaurerei als Projekt für das 21. Jahrhundert, Leipzig 2013, 2. Auflage 2014.

an den Traditionen von Humanismus und Aufklärung orientiert, wie es meine freimaurerische Heimat, die Großloge der Alten Freien und Angenommenen Maurer von Deutschland (GL AFuAM) ja auch vermuten lässt. Dabei bin ich mir allerdings bewusst, dass das innerhalb der Großloge üblich gewordene Bekenntnis zu diesen Traditionen nicht genügen kann. Es reicht auch nicht aus, sich mit humanistisch-aufklärerischen Traditionen *vergangener* Epochen zu beschäftigen. Was Humanismus und Aufklärung *heute* bedeuten, was ihre Quellen und Bezüge *in der Gegenwart* sind und auf welche Weise sie der Freimaurerei *im Hier und Jetzt* der zur digitalen Gesellschaft werdenden Moderne Profil geben, insbesondere auch der *Praxis* der Freimaurerei, das müsste *viel klarer erarbeitet und kommuniziert werden* als bisher.

Im Konzept einer Humanistischen Freimaurerei, so wie ich sie verstehe und vertrete, sind die Logen der Freimaurer *Wertegemeinschaften und keine Glaubensgemeinschaften.* Sie sind auch *keine esoterischen Zirkel.* Die Freimaurer teilen Werte, sie müssen in ihren Auffassungen aber nicht im Hinblick auf die Quellen übereinstimmen, aus denen sich diese Werte individuell speisen, wie zum Beispiel einen religiösen Glauben. Humanistische Freimaurerei kann auch säkular verstanden werden.

Für mich findet Humanistische Freimaurerei in einem *vierfachen Selbstverständnis* ihren Ausdruck, wobei sich die genannten Aspekte gleichrangig miteinander verbinden:

- Auf der Basis einer in der Loge eingeübten *Kultur der Mitmenschlichkeit* ist Freimaurerei Pflege von *Freundschaft und Geselligkeit.* Die Logen der Freimaurer sind Gemeinschaften, die „gute und redliche Männer, Männer von Ehre und Anstand, ohne Rücksicht auf ihr Bekenntnis oder darauf, welche Überzeugungen sie sonst vertreten mögen“ (Alte Pflichten[2]) über alle weltanschaulichen, politischen, nationalen und sozialen Grenzen hinweg miteinander verbinden wollen. Die Logen und die Menschen in ihnen wollen sich miteinander und mit anderen Menschen und Menschengruppen vernetzen, denn nur durch eine solche Vernetzung von Mensch zu Mensch können in modernen komplexen Gesellschaften mit ihrer Tendenz zu diffuser Anonymität und Aggressivität übersichtliche und humane Lebenswelten geschaffen und erhalten werden.

- In der Tradition von Humanismus und Aufklärung sind die Logen der Freimaurer *ethisch orientierte Assoziationen*, in denen gemeinsam laut nachgedacht werden kann, um *Wege zu Lebenssinn* und *Motivation zu moralischem Handeln* ausfindig zu machen. Freimaurer stimmen darin überein, dass sie Werten verpflichtet sind, die sie – im Sinne von Orientierungsrahmen – mit alten humanistisch-aufklärerischen Begrifflichkeiten wie Humanität, Brüderlichkeit, Toleranz, Gerechtigkeit und Friedensliebe umschreiben. Sie bemühen sich darum, für diese Werte *zeitgemäße Ausdrucksformen* zu erarbeiten und auf dieser Grundlage an gesellschaftlichen Diskursen und moralischer Praxis auch außerhalb der Loge teilzunehmen. Die weltanschaulich-religiöse Begründung von Werten überlassen sie jedoch strikt dem einzelnen Bruder.

2 http://freimaurer-wiki.de/index.php/Alte_Pflichten#I._Von_Gott_und_der_Religion, zuletzt aufgerufen am 09.12.2015.

- Die Logen der Freimaurer bieten einen *auf Symbole und Rituale gegründeten spirituellen Wahrnehmungs-, Handlungs- und Erfahrungsraum*, in dem die Ziele und Ideen des Freimaurerbundes im Bewusstsein und im Habitus der Brüder verankert werden. Das Ritual ist keineswegs die ganze Freimaurerei, doch es ist das, was Freimaurerei von anderen Bünden mit humanitärer Einstellung unterscheidbar macht. Es besitzt keinen Offenbarungscharakter, vermittelt keine Heilslehren und hat keine magische Qualität. Das Ritual begründet keine Religion und sollte auch keine ersatzreligiösen Funktionen übernehmen. Es ist ein *spezifisches Medium symbolischer Kommunikation.* Es vermittelt Denkanstöße, es öffnet das Bewusstsein des Maurers für ein Wahrnehmen bisher verborgen gebliebener Schichten der Persönlichkeit, es lehrt durch Symbole und rituelle Handlungen und rundet so die soziale und diskursethische Praxis der Loge durch eine die Gesamtperson des Bruders erfassende *spirituelle Dimension* ab.
- Durch die Zusammenfassung der drei vorgenannten Elemente in einem aufeinander abgestimmten *Gesamtkonzept* wird Freimaurerei zu einer *Lebenskunst der Praxis*, die freundschaftliches Miteinander und ethisch-moralische Daseinsorientierung durch Symbole und Rituale in der Gemeinschaft der Loge sowohl *rational erfassbar als auch emotional erlebbar* macht. Freimaurerische Lebenskunst zielt darauf hin, Beziehungen herzustellen und Umgangsstile zu entwickeln: Stile des *Umgangs mit sich selbst,* wie Selbstrespekt, verbunden mit Selbsterkenntnis und Selbstkritik; Stile des *Umgangs mit anderen Menschen*: Mitmenschlich-

keit, tolerantes Verstehen ohne Unterwerfung und Symbiose; Stile des *Umgangs mit den Dingen der Welt*: Verantwortung übernehmen für Gesellschaft und Umwelt; schließlich Stile des *Umgangs mit Transzendenz*, was letztlich meint, im Hinblick auf letzte Fragen Frieden zu finden.

Freimaurerei ist nach meinem Verständnis somit *keineswegs primär Kultgemeinschaft* oder gar religiöse Vereinigung, wie gelegentlich postuliert wird.[3] Die Logen sind vielmehr in erster Linie ethisch orientierte Gemeinschaften, in denen sich humanistische Gesinnung und humanitäre Praxis im Sinne einer auch im Alltag tauglichen Lebenskunst entfalten können.

---

3 „Man missversteht die Freimaurerei, wenn man nicht erkennt, dass es sich in Wirklichkeit um einen religiösen Bund handelt. Das Religiöse steht im Mittelpunkt der Freimaurerei, nicht die Ideale, nicht die Ziele." Klaus Horneffer, damals Großmeister der VGLvD in der Sendung „Streng geheim!" – Perspektiven der Freimaurerei, NDR-Literarisches Caféhaus, 19.02.2006.

2. Herkunft: Entwicklung der Humanistischen Freimaurerei in Deutschland

Was sind die *Hauptelemente einer Humanistischen Freimaurerei heute*? Wie lässt sich für Maurer und Maurergruppe eine im Inneren praktizierbare und nach außen vermittelbare *humanistische Identität* begründen?

Erinnern wir uns an die Ausgänge, auf die wir uns beziehen: *Humanismus* wurde historisch präsent durch Bemühen um Humanität im Sinne einer der Menschenwürde und der freien Entfaltung der Persönlichkeit entsprechenden Gestaltung von Leben und Gesellschaft. Bildung und Erziehung sowie die Schaffung der dafür notwendigen Lebens- und Umweltbedingungen sollten dabei eine besondere Rolle spielen. Im Kontext der Geschichte meint Humanismus die Geisteshaltung, die zwischen dem 14. und 16. Jahrhundert die historische und kulturelle Epoche der *Renaissance* kennzeichnete. In Anlehnung an die Antike zielte Humanismus auf das Idealbild eines Menschen, der seine Persönlichkeit auf der Grundlage allseitiger theoretischer und moralischer Bildung frei entfalten kann.

Aufklärung hat bleibende Bedeutung für die Freimaurerei als anstoßgebende, Ende des 17. Jahrhunderts beginnende geistesgeschichtliche Epoche („Zeitalter der Aufklärung“) und zugleich als die den Bund – gemeinsam mit anderen

Faktoren[4] – prägende Richtung des Denkens, die von England („Enlightenment") und Frankreich („Lumières") ausgehend das europäische Geistesleben der nach ihr benannten Epoche bestimmte. Charakteristisch für das Denken der Aufklärung ist ein Erkenntnisprozess, der traditions- und institutionskritisch dem Grundanliegen verpflichtet ist, dem Menschen mit Hilfe der Vernunft zum „Ausgang aus seiner selbstverschuldeten Unmündigkeit" (I. Kant) zu verhelfen. Die Anfänge der Aufklärung finden sich in Ansätzen schon in Renaissance, Humanismus und Reformation.

Was bedeutet es heute, in der Tradition von Humanismus und Aufklärung zu stehen?

Zunächst: Auch eine solche, modern akzentuierte Freimaurerei ist durchaus *traditionsbewusst*. Sie geht davon aus, dass sich Freimaurerei nur aus ihrer Geschichte heraus legitimieren kann, wobei sie bewusst an die *Traditionen von Humanismus und Aufklärung* anknüpft. Viele Quellen dafür, die auch heutzutage hoch aktuell sind, vor allem, wenn man kreativ mit ihnen umgeht, findet sie in den freimaurerischen Diskursen der Vergangenheit, insbesondere im *klassischen Freimaurerdiskurs*, der in den letzten Jahrzehnten des 18. und zu Beginn des 19. Jahrhunderts geführt wurde,[5]

---

4 Vgl. Höhmann, Hans-Hermann: Zwischen Aufklärung und Esoterik. Humanistische Freimaurerei als Projekt für das 21. Jahrhundert, 2., durchgesehene und erweiterte Auflage, Leipzig 2014, S. 16ff..

5 Vgl. Höhmann, Hans-Hermann: Entwicklung, Reflexion, Wissenschaft. Anmerkungen zum Wechselspiel zwischen freimaurerischer Geschichte und Geschichte der Freimaurerforschung, in: Quatuor Coronati Jahrbuch für Freimaurerforschung, Bayreuth, 41/2004, S. 232-234; Dziergwa, Roman: „... auf die tabula rasa der Freimaurerei etwas zu schreiben,

als nach Krise und Zusammenbruch der „Strikten Observanz“ eine Neuorientierung der Freimaurerei in Deutschland erforderlich wurde. Für freimaurerische Autoren wie Lessing, Herder, Fichte, Krause, Feßler und Schröder ging es um tragfähige Konzepte für eine Freimaurerei, die sich in den gesellschaftlichen Veränderungsprozessen ihrer Zeit bewähren konnte. Ich habe zum klassischen Freimaurerdiskurs wiederholt publiziert.[6] Es genügt daher, an dieser Stelle nur die Hauptgedanken der wichtigsten Diskursteilnehmer zusammenzufassen:

Gotthold Ephraim Lessing ist von der Freimaurerei seiner Zeit enttäuscht. Doch bleibt Freimaurerei für ihn auch als Institution von Bedeutung, vor allem, wenn sie die ihr zugedachte Funktion der Überbrückung von Konflikten erfüllen kann. Denn die Freimaurerei beruht für Lessing „im Grunde nicht auf äußerlichen Verbindungen, die so leicht in bürgerliche Anordnungen ausarten; sondern auf dem gemeinschaftlichen Gefühl sympathisierender Geister“. Auch Lessing ist von der Faszination der Freimaurerei gefesselt. Auch er kritisiert die konkrete Form des Bundes, dessen „heutiges Schema ihm gar nicht zu Kopfe“ will. Auch ihn fordert heraus, die Wesenheit der Freimaurerei auf den bestimmten Begriff einer „wahren Ontologie“ zu bringen und aufzuzeigen, „was und warum die Freimaurerei ist, wenn und wo sie gewesen, wie und wodurch sie befördert oder

---

was ihrer würdig ist“: Der „klassische“ Freimaurerdiskurs (Lessing, Herder, Fichte, Krause, Feßler), in: Quatuor Coronati Jahrbuch für Freimaurerforschung, Bayreuth, 43/2006, S. 137-150.

6 S. u. a. Höhmann, Hans-Hermann: Zwischen Aufklärung und Esoterik, a.a.O., S. 26 ff.

gehindert wird". Er tut dies – vor allem, aber nicht nur in „Ernst und Falk"[7] – als Anwalt einer *Kultur der Vermittlung, die Grenzen überschreitet*, deren Medium und Ziel *Freundschaft und Menschenliebe* sind, und die sich in einem offenen *Prozess der Wahrheitssuche* realisiert.[8]

Die philosophischen und pädagogischen Auffassungen *Johann Gottfried Herders* bilden – so ist Wolfgang Förster zuzustimmen – einen Höhepunkt der deutschen und europäischen Aufklärung des 18. Jahrhunderts: „Herders tiefer, universal begründeter Humanismus, seine demokratische Geschichts- und Gesellschaftsinterpretation, seine Ideen von der Gleichheit der Menschen, der Gleichberechtigung und brüderlichen Verbundenheit aller Völker und Nationen, seine Verurteilung des Kolonialismus, seine Ablehnung von Krieg und Gewalt, sein Eintreten für Toleranz und geistige Freiheit enthalten unentbehrliche Orientierungspunkte für die Bewältigung der ungelösten Menschheitsprobleme der Gegenwart."[9] Was die Freimaurerei betrifft, so geht

---

7 Die interessanteste Edition ist: Lessing, Gotthold Ephraim: Ernst und Falk mit den Fortsetzungen Johann Gottfried Herders und Friedrich Schlegels, hrsg. und mit einem Nachwort versehen von Ion Contiades, Frankfurt am Main 1968. Vgl. auch Dziergwa, Roman: Lessing und die Freimaurerei. Untersuchungen zur Rezeption von G. E. Lessings Spätwerk „Ernst und Falk. Gespräche für Freymäurer" in den freimaurerischen und antifreimaurerischen Schriften des 19. und 20. Jahrhunderts (bis 1933), Frankfurt am Main u. a., 1992.

8 Vgl. zu Lessings Bedeutung für die Freimaurer der Gegenwart Höhmann, Hans-Hermann: Lessing und die Freimaurerei der Gegenwart, in: Ders.: Freimaurerei. Analysen, Überlegungen, Perspektiven, 2., durchgesehene und überarbeitete Auflage, Bremen 2013, S. 270 – 275.

9 Förster, Wolfgang: Johann Gottfried Herder und das Programm einer „neuen Aufklärung", in: Zeitschrift für

Herder (zunächst) am weitesten über ihre institutionelle Form hinaus: „Alle solche Symbole mögen einst gut und notwendig gewesen sein, sie sind aber, wie mich dünkt, nicht mehr für unsere Zeiten. Für unsere Zeiten ist das Gegenteil ihrer Methode nötig, reine helle offenbare Wahrheit."[10] Herder verändert seine Position jedoch in der Zusammenarbeit mit Friedrich Ludwig Schröder bei dessen Hamburger Ritualreform und postuliert jetzt die humanitäre *Gemeinschaft*, weil „eine Gesellschaft tausendfach mehr (vermag), als zerstreute Einzelne auch bei der edelsten Wirksamkeit zu thun vermögen".[11]

Johann Gottlieb Fichte – mitten im Reformprozess formulierend – bleibt der institutionalisierten Freimaurerei am stärksten verhaftet. Auch ihm ist daran gelegen, „auf die tabula rasa der Freimaurerei etwas zu schreiben, was ihrer würdig ist".[12] Ihn beschäftigt die Frage, ob es einen überzeugenden Zweck für die Loge gibt, und er sieht die Antwort in einem *humanistischen Bildungsauftrag* der Freimaurerlogen und schreibt diesen demgemäß den Auftrag zu, „durch Ausgehen von der Gesellschaft und Absonderung von ihr ... die Nachteile der Bildungsweise in der größeren Gesellschaft wieder aufzuheben und die einseitige

---

marxistische Erneuerung, http://www.zeitschrift-marxistische-erneuerung.de/article/966.johann-gottfried-herder-und-das-programm-einer-neuen-aufklaerung.html, zuletzt aufgerufen am 30.11.2015.

10 Herder, Johann Gottfried: Gespräch über eine unsichtbar-sichtbare Gesellschaft, in: Contiades, Ion (Hg.), a.a.O., S. 72.

11 Zitiert nach Maurice, Florian: Freimaurerei um 1800. Ignaz Aurelius Feßler und die Reform der Großloge Royal York in Berlin (Hallesche Beiträge zur Europäischen Aufklärung 5), Tübingen 1997, S. 49.

12 Fichte, Johann Gottlieb: Philosophie der Maurerei. Briefe an Konstant, hrsg. von Thomas Held, Düsseldorf und Bonn 1997, S. 21.

Bildung für den besonderen Stand in die gemein menschliche Bildung, in die allseitige des ganzen Menschen, als Menschen zu verschmelzen".[13]

Karl Christian Friedrich Krause schließlich vertritt mit der Auffassung, „nach der Reinigung von einigen zunftmäßigen und kritikwürdigen Bestandteilen" könne das „ganze überlieferte Gebrauchtum" in den von ihm entworfenen „Menschheitsbund" eingearbeitet und damit zugleich aufbewahrt und überwunden werden, wiederum die Variante eines historischen „Stufenmodells" der Freimaurerei.[14]

Die Zahl der Autoren kann vermehrt werden. Misslich ist der in der freimaurerischen Gegenwart häufig praktizierte Umgang mit ihnen: Man sieht ihr Werk als Steinbruch für Zitate, die bis zum Überdruss in selbst verfertigte Texte eingebaut werden, ohne die bedeutsamen Kontexte und Zusammenhänge sowie ihren oft erfrischend modernen Charakter und aktuellen Bezug zu verstehen. Wer es gut meint mit der Begründung einer Humanistischen Freimaurerei für unsere Zeit, wird die Texte des „Klassischen Freimaurerdiskurses" jedenfalls nicht als überholt und veraltet beiseite schieben, er wird sich vielmehr durch ihre oft überraschende Aktualität zum Weiterdenken und zum Begründen von tragfähigen Konzeptionen für die Gegenwart anregen lassen.

Interessant ist nun, dass das freimaurerische Ritual in kei-

---

13 Fichte, Johann Gottlieb, a. a. O., S. 42.

14 Krause, Karl C. F.: Die drei ältesten Kunsturkunden der Freimaurerbrüderschaft, Dresden 1820, S, CLXXVI, zitiert nach: Hörn, Reinhard: Der Einfluß freimaurerischer Ideen auf Krauses „Urbild der Menschheit", in: Kodalle, Klaus-M.: Karl Cristian Friedrich Krause (1781-1832). Studien zu seiner Philosophie und zum Krausismo, Hamburg 1985, S. 132.

nem dieser Konzepte eine *inhaltlich* bestimmende Rolle spielt. Allen Autoren geht es um eine jeweils anders fokussierte *Funktionsstruktur* der Freimaurerei. Rituale sind sekundär und folgen den Ideen nach. Auf Ernsts Frage: „Die Freimaurerei wäre nichts Willkürliches? – Hat sie nicht Worte und Zeichen und Gebräuche, welche alle anders sein können und folglich willkürlich sind?!", lässt Lessing Falk antworten: „Das hat sie. Aber diese Worte und Zeichen und diese Gebräuche sind nicht die Freimaurerei."[15]

Ganz deutlich und expressis verbis wird dieses *Primat des Konzepts gegenüber dem Ritual* von Ignaz Aurelius Feßler betont, dem für einige Jahre in der Großen Loge Royal York zur Freundschaft beheimateten Berliner Freimaurer-Reformer.[16]

In einer sog. „Vorerinnerung" zu den neuen Ritualen der Großen Loge vom 5. Dezember 1800 schreibt Feßler:[17]

> *„Es ist bei den meisten Freimaurern an richtige maurerische Einsichten gar nicht zu denken, solange man nicht mit allen möglichen Nachdrucke und einigem*

---

15 Lessing, Gotthold Ephraim, Ernst und Falk, Contiades, Ion (Hg.), a.a.O. S. 12.

16 Zu Feßler vgl. Maurice, Florian: Freimaurerei um 1800. Ignaz Aurelius Feßler und die Reform der Großloge Royal York in Berlin (Hallesche Beiträge zur Europäischen Aufklärung 5), Tübingen 1997.

17 Ignaz Aurelius Feßler war maßgeblich an der Gründung der Berliner „Großloge Royal York" beteiligt. Feßler war ehemaliger Kapuzinermönch und Priester, war konvertiert und 1783 Freimaurer geworden. In seiner kurzen Berliner Großlogenzeit war Feßler sehr aktiv. Er war zugeordneter (stellvertretender) Großmeister und formte das Ritualsystem neu.

> *Erfolge dem Wahn entgegen arbeitet, als wäre das Wesen und der Zweck des Freimaurerordens in den Ritualen zu suchen und zu finden; solange man nicht die Verfassung des Ordens ... als die einzige wahre und sichere Erkenntnisquelle des Ordenszweckes anerkannt und angenommen hat. Die maurerischen Rituale und Grade sind nur Nebensache, die sich ungefähr zum Orden und zur Freimaurerei so verhalten, wie Zitierungen und Gebetsformeln zu Kirche und Religion.*"

Feßler fährt dann fort:

> „*Weil aber der Freimaurer nicht nur Verstand, sondern auch Herz und Gefühl hat, so muss auch etwas da sein, welches dasjenige, was der rührige, kalte Verstand erkannt hat, dem Herzen und den Gefühlen näher legt. Hieraus ergibt sich das Kriterium für alle möglichen maurerischen Rituale. Sie sollen ... nicht feierliche Versprechungen einst mitzuteilender wichtiger Geheimnisse sein, sondern ... auf die edlen Gefühle des Menschen berechnete Zeremonien und Formeln, durch welche der vom Verstande erkannte Endzweck dem Herzen der Brüder näher gelangen und das selbe für ihn erwärmet und begeistert wird.*"

Das Ritual ist nicht Ursprung von Erkenntnis, sondern eine spirituelle Praxis, mittels derer der kognitiv bestimmte Zweck des Bundes im Habitus des Freimaurers verankert und zur Quelle von ethischer Motivation und zwischenmenschlicher Wärme wird.

Nicht zuletzt kann der Hamburger Reformer *Friedrich Ludwig Schröder* als Vertreter einer aus der aufklärerisch-humanistischen Tradition abgeleiteten *Wertorientierung und Ritualkonzeption* der Freimaurerei genannt werden. Dies zeigt auch die folgende, in performative Sprechfolgen gefasste Aufgabenstruktur, die den Worten und dem Sinne nach auf dem Ritual Schröders beruht und die Erwartungen an die Initiation des Freimaurers mit folgenden begrifflichen Markierungen begleitet:

> *Festigung einer sittlichen Grundeinstellung des Menschen. Anmahnung der Erfüllung moralischer Pflichten. Aufforderung zur Suche nach Wahrheit, insbesondere über die eigene Person. Beseitigung von Irrtümern, die der Humanität im Wege stehen. Überwindung von Vorurteilen. Selbsterziehung zu aufgeklärten und verantwortungsbewussten Menschen. Konzentration auf die Schätze des Geistes und des Herzens und auf keine andere Würde als diejenige, die ein Mensch sich selbst zu geben vermag.*

Entscheidend ist für Schröder die Übereinstimmung in den Werten, zu denen sich der Freimaurer bekennt. Andere Forderungen nach Übereinstimmung, insbesondere solcher religiöser Art dürfen in der Loge keine Bedeutung haben. Schröder im Wortlaut:

> *„Wir sind hier also blos Menschen; wir suchen weiter nichts, als was alle Menschen suchen sollten; kennen kein anderes Gesetz, als das, was alle Menschen verbindet; keine andere Richtschnur, als unsere Recht-*

schaffenheit; keine andere Würde, als die der Mensch sich selbst giebt. Alles, was wir sonst sind und suchen und glauben und haben, lassen wir vor der Thüre unserer Versammlung zurück."[18]

Freilich war Schröder skeptisch, ob es gelingen könne, die eigene Person und die Gemeinschaft, die ihn umgibt, im Sinne einer wirkungskräftigen *moralischen Praxis* zu entwickeln.[19] So fragte und antwortete er in einem Brief aus dem Jahre 1815:

> „*Wann wird die Periode eintreten, in der wenigstens in Deutschland eine vernünftige Freimaurerei allgemein eingeführt werden wird? Nie – denn Stolz, Dünkel und Eigennutz derer, die an der Spitze der Systeme stehen, sind ein unüberwindliches Hinderniß.*"[20]

---

18 Schröder, Friedrich Ludwig: Ritual des Lehrlings-Grades der unter der Constitution der großen Provinzial-Loge von Hamburg und Niedersachsen arbeitenden gerechten und vollkommenen Freimaurer-Logen (1801).

19 Hierzu ausführlich Höhmann, Hans-Hermann: Habitus, soziales Feld, Kapital – Freimaurerei im Lichte der Soziologie Pierre Bourdieus, in: Ders.: Freimaurerei. Analysen, Überlegungen, Perspektiven, 2., durchgesehene und überarbeitete Auflage, Bremen 2013, S. 115-131.

20 Schröder, Friedrich Ludwig, zitiert nach Richert, Thomas: Friedrich Ludwig Schröder. Ein freimaurerischer Reformer, in: Reinalter, Helmut: Freimaurerische Wende vor 200 Jahren: 1798 – Rückbesinnung und Neuanfang, Bayreuth 1998, S. 77-86, hier S. 85.

3. Humanismus und Aufklärung in der Freimaurerei der Gegenwart

Der Humanismus der modernen Freimaurerei ist für mich ein säkularer, ein weltlicher Humanismus. Humanismus bedeutet ein Denken und Fühlen, das sich an der Würde des Menschen orientiert, das dem Ziel menschenwürdiger Lebensverhältnisse dient und das sich durch moralisches Handeln in humanitäre Praxis umsetzt. Zugleich wäre dieser Humanismus ohne die spirituelle Dimension des freimaurerischen Rituals in meiner Sicht einseitig, flach und sowohl emotional als auch intellektuell verkürzt.

Humanismus und Aufklärung begründen auch für die Gegenwart eine Reihe von Grundüberzeugungen und Postulaten, wobei die folgenden fünf für mein Verständnis von Freimaurerei zentral sind:

1. Leben, Wohlergehen, Freiheit und Glück *jedes einzelnen Menschen* sind Ziel und Maßstab des individuellen wie des gesellschaftlichen Handelns.
2. Die Anerkennung der *Menschenwürde* anderer wie der eigenen Würde gehört zu den Grundbedingungen menschlicher Kultur und Gemeinschaft.
3. Die *schöpferischen Kräfte* des Menschen müssen gefördert werden, um die Arbeit an der eigenen Persönlichkeit und der Gesellschaft voran zu bringen.
4. Denken und Handeln müssen von *Redlichkeit, Wahrheitssuche und Vernunft* begleitet werden.

5. Auch in der Gegenwart ist Aufklärung erforderlich, doch erst eine *reflektierte Vernunft und eine selbstkritische Aufklärung* können zu tragfähigen Grundlagen menschlicher Lebensführung und sozialer Gestaltungsprozesse werden.

Ihr betont säkularer Charakter bedeutet gleichzeitig, dass sich eine humanistisch orientierte Freimaurerei sowohl gegenüber der christlichen als auch gegenüber der hermetisch-esoterischen Tradition der Freimaurerei und den mit beiden verbundenen hierarchischen Formen und Gradauftürmungen skeptisch verhält. Gewiss können freimaurerische Rituale auch in der Humanistischen Freimaurerei esoterisch verstanden werden, und die Freimaurerei kann Ort esoterischer Diskurse sein, die um so fruchtbarer ausfallen dürften, je mehr man sich von der in alten Ritualen geronnenen, oft wenig authentischen Esoterik des späten 18. und frühen 19. Jahrhunderts befreit und den heute zugänglichen wirklichen Quellen der Esoterik sowie den mittlerweile beachtlichen Resultaten der Esoterikforschung zuwendet.[21] Die Beschäftigung mit Esoterik als einer Denktradition und überlieferten religiösen Sichtweise bedeutet jedoch nicht, dass die Verheißung einer Entschlüsselung geheimer Codes und „verlorener Symbole“ im Mittelpunkt freimaurerischer Rituale stehen darf.

21 Für erste Einblicke vgl. Neugebauer-Wölk, Monika (Hg.): Aufklärung und Esoterik, Hamburg 1999; Faivre, Antoine: Esoterik im Überblick. Geheime Geschichte des abendländischen Denkens, Freiburg 2001; Stuckrad, Kocku von: Was ist Esoterik. Kleine Geschichte des geheimen Wissens, München 2004.

Damit die Werte eines *gleichermaßen auf Herkunft wie auf Zukunft bezogenen* Humanismus im Bewusstsein der Menschen heutzutage präsent sind, müssen sie vermittelt werden. Hierzu bedarf es eines individuellen und gemeinsamen Nachdenkens und Handelns. Nicht zuletzt wir Freimaurer sollten uns angesichts historischer Erfahrungen aus der Zeit von Weimarer Republik und Nazi-Diktatur und nicht zuletzt vor dem Hintergrund massiver eigener völkischer Verirrungen in den 1920er und frühen 1930er Jahren ganz klar darüber sein, wie bedrohlich es für Individuum und Gesellschaft ist, wenn Vernunft, Augenmaß und Werte in den Hintergrund rücken und das mörderische Potenzial von Vorurteilen und aggressiven Ressentiments an ihre Stelle tritt.[22] Deshalb bedarf es zur Sicherung humaner Lebenswelten auch nichts so sehr wie einer *lebendigen Bürgergesellschaft*, die Menschen – einzeln und mit ihren verschiedenen Gruppen – kooperativ zusammenbindet. Gewiss: „Bürgerlichkeit" schien in der zweiten Hälfte des vorigen Jahrhunderts überholt zu sein. Aber heutzutage, am Beginn des 21. Jahrhunderts, nach Katastrophen, politischen Verwerfungen und grundstürzenden Systemumbrüchen scheint es wieder möglich geworden zu sein, Bürgerlichkeit zu reflektieren, sie auf die Ambivalenz ihrer Elemente hin zu untersuchen und ihre Bedeutung für Gegenwart und Zukunft auszuloten.

Heute sind die Begriffe „bürgerlich" und „Bürger" wieder deutlich positiv besetzt. „Wir brauchen bewusste Bürger", so ist ein Interview der taz, der Berliner Tageszeitung, mit

22 Ausführlich Höhmann, Hans-Hermann: Identität und Gedächtnis. Die „völkische Freimaurerei" in Deutschland und wie man sich nach 1945 an sie erinnerte, Leipzig 2014.

den Professoren Ralf Dahrendorf und Paul Nolte vom Dezember 2005 zum Thema „Die Bürgergesellschaft und ihre engagierten Intellektuellen" überschrieben, in dem Dahrendorf vom *neuen Typus Bürger* sagt: „Seine Position ist nicht vom Staat abgeleitet, sondern beruht auf einer eigenen, selbstbewussten Haltung."[23]

„Ich wünschte mir, ein Bürger zu sein, nichts weiter, aber auch nichts weniger als das", so zitierte Joachim Gauck in seiner ersten kurzen Ansprache nach der Wahl zum Präsidenten der Bundesrepublik Deutschland am 18. März 2012 den politischen Publizisten Dolf Sternberger, und er bekräftigte den Wunsch Sternbergers als seine eigene politische Haltung.

Eine solche Idee bewusster und unabhängiger Bürgerlichkeit – so hatte schon vorher der niederländische Philosoph Stephan Strasser in seinen „Ethisch-politischen Meditationen für diese Zeit" geschrieben – orientiert sich „am Ziel der rationalen Gestaltung der menschlichen Geschichte durch mündige, diskutierende, friedlich konkurrierende Individuen und Gruppen, im Glauben an die Möglichkeit des Fortschritts".[24]

Mein persönlicher Favorit als Gewährsmann einer neu durchdachten Konzeption von Bürgerlichkeit – und zugleich eines Humanismus, der für gesellschaftliche Praxis taugt – ist allerdings der Anfang Mai 2015 verstorbene

---

23 „Wir brauchen bewusste Bürger", taz vom 31. Dezember 2005. http://www.taz.de/1/archiv/?dig=2005/12/31/a0226, zuletzt aufgerufen am 09.12.2015.

24 Strasser Stephan: Ethisch-politische Meditationen für diese Zeit, zitiert nach Kocka, Jürgen: Bürger und Bürgerlichkeit im Wandel, in: Aus Politik und Zeitgeschichte, 9-10/2008, S. 3-9, hier S. 3.

Gießener Philosoph Odo Marquard, um dessen Interpretation im Kontext aktueller Politik sich vor allem der Berliner Historiker und Politikwissenschaftler Jens Hacke verdient gemacht hat.[25]

Marquard setzt einen „weiten Begriff des Bürgerlichen"[26] voraus und löst sich damit von den vor allem in der historiographischen Literatur häufig anzutreffenden engen historisch-soziologischen Definitionen des Bürgerbegriffs: „Der Bürger – als freies und gleiches Mitglied der Bürgerwelt der ‚polis' – ist der individuelle Mensch, der selbstbestimmt für sich und seine Mitbürger einsteht."[27]

Dabei ist der Bürger kein eifernder Ideologe: Marquard tritt für die Normalität, das gänzlich Unspektakuläre der bürgerlichen Welt ein, denn diese bevorzuge „das Mittlere gegenüber den Extremen, die kleinen Verbesserungen gegenüber der großen Infragestellung ..., die Geschäftsordnung gegenüber dem Charisma, das Normale gegenüber dem Enormen, kurzum: die Bürgerlichkeit gegenüber ihrer Verweigerung. So ist die bürgerliche Welt – auch weil die Lebensvorteile, die sie bringt, als selbstverständlich gelten – nicht sehr aufregend, ein wenig langweilig gar und reichlich allzumenschlich."[28]

---

25 Hacke, Jens: Bekenntnis zur Bürgerlichkeit. Selbstbehauptungsmotive in der Philosophie der Bundesrepublik, in: vorgänge. Zeitschrift für Bürgerrechte und Gesellschaftspolitik, 170, 44. Jahrgang, Juni 2005, Heft 2, S. 33-44, hier S. 39f. Meine Interpretation folgt im Wesentlichen Hacke.

26 Marquard, Odo: Individuum und Gewaltenteilung. Philosophische Studien, Stuttgart 2004, S. 93.

27 Ebenda.

28 Marquard, Odo: Philosophie des Stattdessen. Studien, Stuttgart 2000, S. 106.

Die Sympathie für den von einem empathischen commonsense-geleiteten Durchschnittsbürger, der in seiner heimatlichen Lebenswelt eingebettet ist und sich in ihr auf vielfältige Weise politisch und sozial engagiert, steht im Vordergrund dieser eher pragmatischen als ideologischen Konzeption von Bürgerlichkeit.[29]

Inhaltlich sind Marquards Leitlinien auf einfache Formeln zu bringen. „Bürgerlichkeit“ manifestiert sich für ihn in fünf grundsätzlichen Einstellungen:

Erstens im *Festhalten an der Aufklärung* als jener Modernitätstradition, „die – als Wille zur Mündigkeit, d. h. zum Erwachsensein – den Mut zur Nüchternheit zur Routine macht. Man darf – weil man von Usancen ohne Not nicht abweichen soll – auch von dieser Tradition (der Usance Modernität) nicht ohne Not abweichen. Dabei muss man die Aufklärung vor jenen retten, die sie zum Kursus in Weltfremdheit umfunktionieren wollen: zum Doping für Revolutionäre.“[30]

Zweitens in der *Absage an ideologische Verblendung*, im „Abschied vom Prinzipiellen“ (so der Titel eines seiner Bücher), in der Bereitschaft zu intellektueller Offenheit und – hier berührt sich Marquard mit Popper – im Verteidigen einer „offenen“ Gesellschaft: „All diese Überlegungen verabschieden die prinzipielle Philosophie; aber sie verabschieden nicht die unprinzipielle Philosophie: die Skepsis. Sie verabschieden für die Menschen die prinzipielle Freiheit; aber

29 Hacke, Jens, a.a.O., S. 40.

30 Marquard, Odo: Zeitalter der Weltfremdheit, in: Ders.: Apologie des Zufälligen, Stuttgart 1986, S. 76-97, hier S. 94f.

sie verabschieden nicht die wirkliche Freiheit, die im Plural: die Freiheiten."[31]

Drittens in der *Bewahrung der freiheitsbedingenden Wirkung der Gewaltenteilung*: „Individuelle Freiheit gibt es für Menschen nur dort, wo sie nicht dem Alleinzugriff einer einzigen Alleinmacht unterworfen sind, sondern wo mehrere – voneinander unabhängige – Wirklichkeitsmächte existieren, die – beim Zugriff auf den Einzelnen – durch Zugriffsgedrängel einander wechselseitig beim Zugreifen behindern und einschränken. Einzig dadurch, dass jede dieser Vielzahl von Wirklichkeitspotenzen – politische Formationen, Wirtschaftskräfte, Sakralgewalten, Geschichten, Überzeugungen, Üblichkeiten und Traditionen, Kulturen – den Zugriff jeder anderen einschränkt und mildert, gewinnen die Menschen ihre Distanz und individuelle Freiheit gegenüber dem Alleinzugriff einer jeden. So lebt das Individuum von der Gewaltenteilung: sola divisione individuum."[32]

Viertens im *Einsatz für* einen *Pluralismus*, der aus Skepsis vor absoluten Wahrheiten und aus Respekt vor vielfältigen Herkunftsgeschichten resultiert. Ohne das Nebeneinander und das Miteinander unterschiedlichster bürgergesellschaftlicher Gruppierungen, ohne Pluralität auch der Denkformen kann keine freie Gesellschaft existieren: „Es muss eine Pluralität von Wirklichkeitsmächten geben, damit individuelle Freiheit sein kann. Darum – beispielsweise – dürfen

31 Marquard, Odo: Abschied vom Prinzipiellen, in: Ders.: Abschied vom Prinzipiellen. Auch eine autobiographische Einleitung, Stuttgart 1981, S. 4-22, hier S. 19.

32 Marquard, Odo: Mut zur Bürgerlichkeit, in: Ders.: Individuum und Gewaltenteilung. Philosophische Studien, Stuttgart 2004, S. 91-96, hier S. 95.

die Menschen – jeder Mensch für sich und alle Menschen zusammen – nicht nur eine Geschichte haben, sondern sie brauchen viele Geschichten; und entsprechend dürfen die Philosophen – jeder Philosoph für sich und alle Philosophen zusammen – nicht nur eine Denkform haben, sondern sie brauchen viele Denkformen. Jede befreit den Einzelnen von der Macht der jeweils anderen und sichert ihm dadurch den Freiheitsspielraum fürs Selberleben und Selberdenken."[33]

Fünftens schließlich im hartnäckigen Festhalten an dem durch die Institutionen des Rechtsstaats und durch das Handeln demokratischer Politik gewährten *Schutz der individuellen Freiheitsräume des Bürgers* sowie durch eine engagierte Haltung, jede „Bürgerlichkeitsverweigerung" zu verweigern: „Denn die Kontraposition zur einen – der totalitär nationalsozialistischen – Verweigerung der Bürgerlichkeit ist nicht die andere – die totalitär sozialistische – Verweigerung der Bürgerlichkeit, sondern die Verweigerung dieser Bürgerlichkeitsverweigerung: die insofern ‚konservative' Option für die bürgerlich liberale Demokratie."[34]

Wie aber kommen diese Einstellungen in der politisch-gesellschaftlichen Praxis zustande? Wie lassen sie sich im Habitus des Bürgers verankern, der ja nur durch eine solche habituelle Verankerung auf Dauer zum selbstbewussten Bürger wird? Gewiss nicht durch eine bloße Werterhetorik, die eher abstößt und Verdruss bereitet, wohl aber durch eine

33 Marquard, Odo: Die Denkformen und die Gewaltenteilung, in: Ders.: Individuum und Gewaltenteilung, a.a.O, S. 114-123, hier S. 122.

34 Marquard, Odo: Eine Philosophie der Bürgerlichkeit, in: Ders.: Individuum und Gewaltenteilung, a.a.O., S. 159-165, hier S. 165.

Praxis, an der mitzuwirken den Freimaurern wohl anstünde, eine *Praxis anhaltender und nachhaltiger bürgerlicher Werteaneignung und Werteumsetzung.*

Hierzu drei Überlegungen:

Erstens: Ein Hoppla-hopp neuer Wertorientierung gibt es nicht. Zur Praxis bürgerlicher Wertaneignung gehört ein komplexes und schwieriges Verständigungsprogramm, denn es gibt viele Fragen, die nach Antwort verlangen: Welche Werte sollen gelten? Wie verhalten sich die einzelnen Werte zueinander, Freiheit und Gleichheit etwa, oder – brennend aktuell geworden aufgrund der terroristischen Mordanschläge des „Islamischen Staats" – Freiheit und Sicherheit? Schließlich: Auf welche Weise sind Werte *ganz konkret und gesetzestechnisch* in Institutionenbildung und Politik umzusetzen – denn hier gilt ja Schillers „leicht beieinander wohnen die Gedanken, doch hart im Raume stoßen sich die Sachen"?

Eine solche Prüfung und Konkretisierung von Werten setzt die Anerkennung der Pluralität von Auffassungen und einen toleranten, redlichen Diskurs voraus, in dem sich *Streit- und Kompromisskultur* verbinden. Dabei geht es nicht nur um Werte, es geht auch um eine im politischen Handeln belastbare *Einsicht in die Strukturen der realen Welt*, die immer unübersichtlicher werden, und die es schwierig machen, für politische und gesellschaftliche Herausforderungen Lösungen zu finden, die nicht nur den Werten entsprechen, auf die man sich beruft, sondern bei denen *auch das erforderliche Maß an Alltagsvernunft* nicht zu kurz kommt.

Zweitens: So wichtig eine Verständigung über heutige Realitäten ist, die notwendige Tiefe gewinnt dieser Diskurs doch nur dann, wenn er sich mit *Erinnerungskultur und his-*

torischer Reflexion verbindet. Die europäischen Bürgerkriege des 19. und 20. Jahrhunderts haben ja dem Europa der Aufklärung im Sinne einer den europäischen Eliten gemeinsamen Lebens- und Denkweise ein Ende gesetzt. An diese gemeinsame Lebens- und Denkweise hätte das heutige Europa wieder anzuknüpfen. Um aber an gemeinsame Vergangenheiten anknüpfen zu können, müssen die Europäer der Gegenwart – so hat es der in Harvard lehrende amerikanische Historiker Robert Darnton einmal formuliert – „einen Salto rückwärts über das 19. und 20. Jahrhundert springen und sich von neuem mit der europäischen Dimension des Lebens im Zeitalter der Aufklärung auseinandersetzen".[35] Nicht, dass irgendwer das 18. Jahrhundert wieder aufleben lassen wollte – lebte damals doch die große Mehrheit der Europäer im Elend und war doch die Aufklärung selbst eine komplexe Bewegung voller Widersprüche und Gegenströmungen – Stichwort „Dialektik der Aufklärung". Doch die Aufklärung ist nun einmal der Ursprung der freiheitlich-demokratischen Werte, die heute das *Herzstück unserer Gesellschaft* ausmachen und das in einer Form, die eine wirkliche, zukunftsträchtige Alternative zum Nationalismus und zum Fundamentalismus ermöglicht.

Freilich müssen europäische Werte heutzutage offen sein für *tolerante Begegnungen mit den Werten anderer Kulturen*. Ihren Kern haben die europäischen Werte bei diesen Begegnungen allerdings unverrückt zu bewahren. Nicht aus Prinzip und Überheblichkeit, sondern deshalb, weil sich

35 Darnton, Robert: Das Glück der Gemeinschaft, in: Aust, Stefan / Schmidt-Klingenberg, Michael (Hrsg.): Ein Kontinent macht Geschichte. Experiment Europa, Stuttgart / München 2003, S. 125-143, hier S. 126.

die europäischen Werte als Grundlage einer freien Gesellschaft ganz pragmatisch bewährt haben. Selbstverständlich gehört der Islam heute zu Deutschland und Europa, doch das bedeutet auch, dass er sich – wie alle Religionen – *nicht nur in das Regelspiel demokratisch-pluralistischer Institutionen einzufügen* hat, sondern dass er auch bereit zu sein hätte, dieses *Regelspiel als Grundlage* der eigenen religiösen und gesellschaftlichen Praxis zustimmend und aktiv mitzugestalten.

Drittens schließlich ist *bürgerliches Handeln* vonnöten. Es kommt auf eine aktive Teilhabe am Leben der Gesellschaft an, die nicht exklusiv ist im Sinne eines Ausschlusses anderer und die nicht daherkommt als eine „Bürgerlichkeit der feinen Leute", sondern die als eine „Bürgerlichkeit der Einbeziehung aller" wirkt, als eine *Bürgerlichkeit der sozialen Offenheit*, als eine Bürgerlichkeit, *die andere mitnimmt* und die auch die weniger Privilegierten in das gesellschaftliche Ganze einschließt. Insofern darf Eintreten für „Bürgerlichkeit" nicht als Absage an die soziale Verantwortung des Einzelnen und als Gegensatz zum Sozialstaat gesehen werden, dessen Notwendigkeit unbestritten bleibt.

Eine Einstellung bewusster, wertorientierter Bürgerlichkeit erfordert nicht zuletzt eine Mitwirkung in den vielen Gruppierungen der Bürgergesellschaft – von den Familien über die Parteien, die Bürgerinitiativen, die Vereine, die Kindergärten und Schulen bis hin zu den Logen der Freimaurerinnen und Freimaurer –, d. h. eine Mitwirkung in den zahlreichen vom Staat unabhängigen Initiativen und Assoziationen der Zivilgesellschaft, deren Aktivitäten und deren Vernetzung allein eine humane Gesellschaft ermöglicht. Es sind die *mit Verantwortung gefüllten kleinen Freiheiten* in der

Gesellschaft, auf denen die *große Freiheit* der Gesellschaft beruht. Eine bewusst und glaubhaft in der *Tradition von Humanismus und Aufklärung* stehende Freimaurerei findet hier Aufgaben, durch deren Wahrnehmung sie überzeugen kann.

4. Das Ritual in der Humanistischen Freimaurerei

Wie bereits hervorgehoben, ist das Ritual in der Humanistischen Freimaurerei fester Bestandteil eines Gesamtkonzepts, das soziale, konzeptionelle und rituelle Bestandteile umfasst. Die genannten drei konstitutiven Praxisformen der Freimaurerei – *Freundschaft, ethische Orientierung und Ritual* – erfassen gleichermaßen die gesellschaftliche, intellektuelle, moralische und emotionale Seite des Menschen. Sie können allerdings nur dann nach innen wie nach außen wirksam werden, wenn zwischen ihnen ein ausreichendes Maß an Gleichgewicht und Gleichklang herrscht, d. h. wenn kein Element überbetont oder vernachlässigt wird. Wo das Gewicht zu sehr auf bloße soziale Kommunikation, auf „Gesellschaftsleben" gelegt wird, droht *Abgleiten in Vereinsmeierei* und „Event-Geselligkeit". Wo die Diskussion um Prinzipien oder gar die Suche nach Programmen im Vordergrund steht, wird aus der Loge ein menschlich *steriler und bald zerstrittener* Debattierklub. Wo der Akzent überwiegend auf das Ritual gesetzt wird, besteht die Gefahr, sich in eine *esoterische Sekte* zu verwandeln.
Nicht die ganze Freimaurerei, aber unverzichtbar für die Freimaurerei: Dies zu verstehen ist für meine Auffassung des Rituals in der Humanistischen Freimaurerei von großer Bedeutung, und zwar sowohl für den Umgang mit dem Ritual *innerhalb der Freimaurerei* als auch für die Auseinandersetzung mit den Angriffen, die *von außen* auf die

Freimaurerei und ihr Ritual geführt werden. Vor allem in der Wahrnehmung der Gegner der Freimaurerei ist ja das „maurerische Geheimnis“ noch immer in erster Linie das *Geheimnis der verschwiegenen Rituale*, und die mannigfaltigen Formen von Missdeutungen, Kritik, Ablehnung und Verurteilung machen sich immer wieder am Geheimnis der Rituale fest:

- Für die *Kirchen, namentlich die katholische,* verhüllen sich in den Ritualen Elemente einer alternativen Religiosität, wenn nicht gar einer anderen Religion, zumindest aber der Ungeist des Relativismus.
- Für die *Vertreter der Verschwörungsmythen* bietet der geheime Raum des Rituals den Rahmen für das Aushecken immer neuer Verbrechen und Anschläge gegen die gesellschaftliche Ordnung, gegen Volk und Staat.
- Für den *Volksaberglauben* konstituiert das Ritual die besser strikt zu meidende Welt des Makaber-Gruseligen, bei dem zuweilen auch Satanisches im Spiele ist.
- In der Sicht *intellektueller Kritiker* kaschieren Ritual und Geheimnis Ansprüche auf Selbsterhöhung und persönliches symbolisches Kapital, wenn sie nicht gar als Ausdruck des Lächerlichen gelten, in vielen Variationen, für die der Philosoph Ernst Bloch einst im Architekturkapitel seines Hauptwerks „Das Prinzip Hoffnung“ das Motto mit den Worten vorgegeben hatte, Freimaurerei sei nichts als eine „wahnhaft gesittete Mummerei“[36].

Aufgrund all dieser Missverständnisse und Fehldeutungen, jedoch auch zur Erarbeitung einer konsistenten Ritual-

36 Bloch, Ernst: Das Prinzip Hoffnung, Zweiter Band, Frankfurt am Main 1982, S. 838.

konzeption und zur Gewährleistung einer überzeugenden Ritual*praxis* ist eine Selbstverständigung über Begriff und Wesen des freimaurerischen Rituals dringend erforderlich. Was ist, wenn wir es zunächst allgemein verstehen, ein Ritual?

Es gibt viele Ritualdefinitionen, die folgende des früher in Harvard lehrenden Anthropologen Stanley J. Tambiah ist eine davon. Sie hat den Vorteil, ihre Angemessenheit für die Rituale der Freimaurer sogleich erkennen zu lassen:

> *„Das Ritual ist ein kulturell konstruiertes System symbolischer Kommunikation. Es besteht aus strukturierten und geordneten Sequenzen von Worten und Handlungen, die oft multimedial ausgedrückt werden und deren Inhalt und Zusammenstellung mehr oder weniger charakterisiert sind durch: Formalität (Konventionalität), Stereotypie (Rigidität), Verdichtung (Verschmelzung) und Redundanz (Wiederholung).“*[37]

Für den Heidelberger Indologen und Ritualwissenschaftler Axel Michaels ist ein Ritual durch die folgenden vier Merkmale bestimmt, die gleichfalls ohne jede Verständnisschwierigkeit ihre Bezüge zu den freimaurerischen Ritualen erkennen lassen und hierdurch dem Freimaurer zu verstehen helfen, was er im Ritual tut und wodurch das, was er tut, ein Ritual wird:[38]

---

37 Tambiah, Stanley J.: Eine performative Theorie des Rituals, in: Belliger, Andréa / Krieger, David J.: Ritualtheorien: Ein einführendes Handbuch, Wiesbaden 1998, S. 227–250, hier S. 230.

38 Michaels, Axel: Wozu Rituale?, http://www.sai.uni-heidel-

1. *Verkörperung:* Rituale setzen handelnde Personen voraus. Sie unterscheiden sich von rein psychischen oder kognitiven Vorgängen dadurch, dass sie Bewegungen einschließen, sei es bewusst oder unbewusst. Wer nur denkt oder fühlt, vollzieht kein Ritual.
2. *Förmlichkeit:* Rituale bestehen aus standardisierten, mitunter stereotyp wiederholten Handlungen. Durch die Wiederholbarkeit lassen sie sich gut nachahmen und können dadurch öffentlich werden. Einmalige, private oder willkürliche Handlungen sind daher keine Rituale. Hinzu kommt, dass Rituale aus Einzelelementen – sogenannten Ritemen – nach bestimmten Regeln bewusst zusammengesetzt werden: zu Ritualkomplexen mit Haupt- und Nebenritualen. Dieses Regelwerk ist oft in Skripten oder Ritualhandbüchern festgehalten, die gewissermaßen die Partitur für die Strukturierung und Komposition von Ritualen wiedergeben ... Ein entscheidender Aspekt der Förmlichkeit ist der Beschluss zur Durchführung des Rituals, der aus Alltags- oftmals erst Ritualhandlungen macht, indem er sie als besondere Handlungen kennzeichnet. Diese „Rahmung" von Ritualen ist ein wesentlicher Teil ihrer Förmlichkeit.
3. *Modalität:* Fast jede Handlung kann zu einer Ritualhandlung werden. Der genaue Ausführungsmodus jedoch ist nicht beliebig. Ob essen, trinken, gehen oder reden – rituell ist eine Handlung erst dann, wenn die Handlungsformen und -mittel vorgeschrieben sind. Wer seinen Durst löschen möchte, muss nicht auf die

---

berg.de/abt/IND/mitarbeiter/michaels/wozu_rituale.pdf, zuletzt aufgerufen am 03.12.2015.

Art des Bechers, Getränks und Trinkens achten. Beim Ritual aber steht genau dieser Modus im Vordergrund und zeigt sich abhängig davon, wie sehr sich das Handeln auf ein Subjekt, auf die Gemeinschaft oder auf eine transzendente Welt bezieht.

4. *Transformation:* Rituale zeigen oft Wirkungen – ein Beispiel sind manche Heilrituale. Sie können aber auch einen zeitlichen oder räumlichen Wechsel von Status oder Kompetenz bewirken. In der Initiation wird ein Jüngling zum Erwachsenen, durch die Heirat wird ein Mann zum Ehemann, eine Frau zur Ehefrau, durch die Promotion wird ein Student zum Doktor. Besonders bei solchen Übergangsritualen geschieht also etwas, was nicht trivial ist. Denn nachher ist man jemand anderer.

Auf diesem ritualtheoretischen Hintergrund lässt sich jetzt fragen: Was ist das Ritual in der Humanistischen Freimaurerei? Wie lassen sich seine Funktionen, seine Struktur und die Grundzüge seiner Praxis verstehen und beschreiben?

Meine kurze Formel dazu lautet:

Das Ritual ist der *spirituelle Übungs- und Erfahrungsraum* der Loge. Als solcher ist er von der sozial-geselligen und der diskursethisch-moralischen Seite des Freimaurerbundes nicht zu trennen, denn wenn das Ritual auch keineswegs die ganze Freimaurerei darstellt, so ist es doch dasjenige, was der Freimaurerei ihren besonderen Charakter verleiht.

Oft – so auch in der Freimaurerei – werden Rituale als Ausdruck von Mythologien gedeutet und oft auch mit Einzelheiten überhäuft, die die eigentliche Aufgabe des Rituals eher in den Hintergrund treten lassen. Die Ritualunterweisungen der Großlogen sind voll von solchen, oft überflüssigen und manchmal auch verwirrenden Details. Mich interessiert daher mehr die unmittelbar *praktische* Bedeutung der Rituale für die Freimaurer als Mitglieder einer bestimmten wertbezogenen sozialen Gruppe sowie die Wirkung, die vom Ritual auf Bruder (Schwester) und Logengruppe ausgeht. Das heißt, mein Interesse gilt primär individualpsychologischen und gruppendynamischen Aspekten des freimaurerischen Rituals. Meine Frage ist: Was leisten Rituale für die Verinnerlichung und Umsetzung eines Ideenkosmos, der sich an der Tradition von Humanismus und Aufklärung orientiert? Schon die vom leitenden Meister eingeleiteten und in allen freimaurerischen Ritualen enthaltenen performativen Sprechfolgen („Bruder 1. Aufseher, warum nennen wir uns Freimaurer?“) stimmen ja den Freimaurer mit den Mitteln des Rituals auf den besonderen Charakter des Bundes ein: teilzuhaben am Bau einer besseren Welt, eines „Tempels der Humanität“. Stärker noch ist das Ritualerlebnis bei der *Teilnahme an Initiationen*, der eigenen Initiation und der Initiation anderer Freimaurer. Die Initiation bewirkt die Eingliederung des neuen Mitglieds als Bruder (Schwester) in die Loge bzw. in die anschließenden und das Ritual in der Humanistischen Freimaurerei vollendenden Grade des Gesellen und des Meisters.

Die Initiation hat eine inhaltliche Botschaft: Du gehörst jetzt zu denen, die auf besondere Weise miteinander verbunden sind, die die freimaurerischen Werte teilen, die die „Lichtgebung“ als nachhaltiges Symbol für spirituelle Erfahrungen und intellektuelle Klarheit („Aufklärung“) erlebt haben. Die Initiation ist aber auch ein Vorgang, der vom Aufnahmekandidaten als Prozess einer starken Zuwendung seitens der freimaurerischen Gruppe erlebt wird: Jeder Einzelne ist wertvoll, jedem Einzelnen wird ungeteilte Aufmerksamkeit entgegengebracht, jeder Einzelne wird zum Mittelpunkt eines großen Festes, das letztlich erst da endet, wo auch die Existenz der Bruderkette beendet ist. Die Aufnahme als „mein großes Fest in der Freimaurerei“ muss daher in der Gestaltung der einzelnen „Riteme“ des Rituals so durchgeführt werden, dass der neue Bruder (die neue Schwester) das Ritual als zugewandt, sinnbestimmt, aufmerksam, nicht zuletzt aber auch angstfrei erleben kann. Ein auf diese Weise durchgeführtes Aufnahmeritual bewirkt dann in der Tat eine *geheimnisvolle Verzauberung*, die nichts mit Magie und Manipulation zu tun hat, sondern mit der Freiheit, sich selbst im Kreise von Freunden und Brüdern neu und verändert erleben zu können, werden doch die wichtigsten immateriellen Bedürfnisse des Menschen wie Geborgenheit, Liebe, Emotionalität, Ästhetik und Phantasie im *Dahinfließen eines mit Verstand und ritueller Kompetenz ausgeführten Rituals* angesprochen.

Für den Suchenden ist die Welt der Rituale eine *unbekannte* Welt. Selbst wer gründlich im Internet recherchiert, wird eher falsch informiert sein oder gar beängstigt und eingeschüchtert durch die dort regelmäßig aufscheinenden okkulten Düsternisse. Daher ist eine gründliche Vorbereitung der Aufnahme erforderlich. Erfahrene Brüder müssen den Kandidaten mitteilen, was wichtig ist. Auch Details des Rituals dürfen angesprochen werden, wenn sie erwarten lassen, dass das Ritualerlebnis nicht beeinträchtigt wird. Viele Freimaurer wehren sich allerdings dagegen, Außenstehenden gegenüber Fragen des Rituals zu thematisieren. Dies ist in der Sache falsch und hat auch oft eher den Grund in einer unter Freimaurern erstaunlicherweise weit verbreiteten Unfähigkeit, adäquat über das Ritual zu kommunizieren.

Grundsätzlich grenze ich für die Humanistische Freimaurerei das Ritual nachdrücklich von Religion und Esoterik ab. Noch einmal: Rituale wie Symbole besitzen innerhalb dieses Konzepts *keinen Offenbarungscharakter*, vermitteln *keine Heilslehren* und haben *keine magische Qualität*. Ich fasse es mit Worten des Philologen und Religionsethnologen Walter Burkert:

> *„Man beachte das bezeichnende Paradox, dass Symbole Realität zu schaffen scheinen ... (doch) es sind ja nicht die Symbole, die Wirklichkeit schaffen, es sind die lebendigen Menschen in ihren Interaktionen, die Symbole gebrauchen, Zeichen geben und auf sie regieren und bei alledem an ihrer eigenen Realität arbeiten ...“*[39]

Und auch dies sei noch einmal wiederholt: Das freimaurerische Ritual wie die Freimaurerei insgesamt begründet keine Religion und sollte auch keine ersatzreligiösen Funktionen übernehmen. Es ist ein *spezifisches Medium symbolischer Kommunikation*. Es vermittelt Denkanstöße, es öffnet das Bewusstsein des Maurers für ein Wahrnehmen bisher verborgen gebliebener Schichten der Persönlichkeit, es lehrt durch Symbole und rituelle Handlungen, und es rundet so die soziale und diskursethische Praxis der Loge durch eine die Gesamtperson des Bruders erfassende spirituelle Dimension ab.

---

39 Burkert, Walter: Kulte des Altertums. Biologische Grundlagen der Religion, München 1998, S. 17f.

Das Ritual steht neben der gesellschaftlichen Realität und tritt nicht an ihre Stelle. Es hat Funktionen innerhalb der Gruppe und für die Gruppe, ist aber *kein Selbstzweck*. Das dramaturgische Kernelement der freimaurerischen Rituale – die Initiation – ist Vorbereitung auf die Rückkehr in die Gesellschaft und Bewährung in ihr, aber nicht Vorbereitung auf das nächste Ritual, insbesondere nicht auf Fesselung in der Vielzahl ritueller Stufen in hierarchischen Ritualsystemen.

Rituale können in freimaurerischen Kontexten unterschiedliche Funktionen ausüben. Für das Konzept der Humanistischen Freimaurerei sehe ich zwei Hauptfunktionen:

- Durch die Adressierung der Logengruppe dient es der Einbindung und der Verbindung der Mitglieder und der Festigung der Bruderkette, die als „verkörpertes" Symbol („Kette der Hände und Herzen") im Ritual präsent ist,
- durch performative Sprech- und Bewegungsabläufe dient es der habituellen Einverleibung der von der Freimaurerei vertretenen Werte.

Wie Christoph Wulf feststellt, ist der performative Charakter von Ritualen eine Voraussetzung dafür, dass das für ihre Inszenierung und Aufführung erforderliche praktische Wissen in *mimetischen Prozessen* erworben werden kann.[40] Mimetisches Lernen ist ein Lernen durch Anschauung und Nachahmung, wobei Bewegungen und Bewegungsabläufe nicht einfach kopiert, sondern durch jeden einzelnen Menschen und seine Bewegungsfähigkeiten individuell erfasst

40 Wulf, Christoph: Wozu brauchen wir Rituale?, http://www.earnestalgernon.de/node/154, zuletzt aufgerufen am 23.12.2015.

und gestaltet werden. Rituale wirken weniger durch ihre Texte als durch die mimetische Aneignung ihrer Bedeutung. Deshalb gibt es auch in der Freimaurerei nur eine sinnvolle Form, rituelles Erleben zu vertiefen: durch die Wiederholung des Gleichen als Bestandteil der gemeinsamen mimetischen Praxis in der Ritualarbeit der Loge.

An späteren Stellen meiner Schrift komme ich auf die Hauptfunktionen des freimaurerischen Rituals und ihre einzelnen Aspekte ausführlich zurück.

Inhaltliche Aspekte des freimaurerischen Rituals, freimaurerische Spiritualität

Die Abfolge der drei Grade der Freimaurerei – *Lehrling, Geselle und Meister* – und die dazu gehörenden Übergangsriten der *Aufnahme, Beförderung und Erhebung* sollen keine Hierarchie begründen. Aus ihnen folgt auch keine Binnendifferenzierung innerhalb der Loge, die zu Konflikten in der Loge führen könnte. Die drei Grade spiegeln vielmehr wechselnde Lebenssituationen und Reifestufen des Menschen, denn: „Des Maurers Wandeln, es gleicht dem Leben“ (Goethe). Die in sich abgeschlossenen und auf sinnvolle Weise nicht erweiterbaren Gradstufen, mit denen es in der Humanistischen Freimaurerei definitiv sein Bewenden hat, schaffen Raum für Reflexion über sich verändernde existenzielle Befindlichkeiten des Menschen und bieten symbolisch-rituelle Anstöße dazu an:

- *Lehrling* zu sein bedeutet zu beginnen, heißt, sich seiner selbst bewusst zu werden, sich zu vergegenwärtigen, über welche Ressourcen man verfügt, zu wissen, was man will und an welchen Leitvorstellungen man sich orientiert.
- *Geselle* zu sein meint, sich in seinem aktuellen Lebenslauf aktiv zu verorten, sich in der Welt zu orientieren, Beziehungen zu anderen Menschen aufzunehmen und mit ihnen innerhalb und außerhalb der Freimaurerei gemeinsam nachzudenken und zu handeln.
- *Meister* werden heißt, den Verlauf des bisherigen Lebens kritisch anzunehmen, sein Ende zu bedenken, die Konfrontation mit Lebenskrisen und Tod auszuhalten und angesichts der Transzendenz neue Möglichkeiten zu erkennen.

Ich habe versucht, in drei Sprüchen zur Bildung der Bruderkette im Ritual der Kölner Loge „Ver Sacrum“ das Wesen der drei Grade auszudrücken:

I. Grad: Freimaurerlehrling

Brüder, diese Kette bindet
unser Herz und unsern Sinn.
Jeder, der hier Heimat findet,
findet Kraft zum Neubeginn.

Lasst uns an die Arbeit gehen,
sorgt, dass Licht ins Dunkel dringt,
dass die Menschen sich verstehen
und der große Bau gelingt.

II. Grad: Geselle

Baut gemeinsam, nicht alleine,
Stein auf Stein und Hand in Hand
als Gesellen für das eine
Ziel, das uns seit je verband.

Menschen suchen, stets aufs Neue,
lautet alter Pflicht Geheiß,
dass als Freunde sie in Treue
stärken unsern Wirkungskreis.

III. Grad: Meister

Brüder, lebt das „Stirb und Werde",
fest gebunden an die Erde,
doch durchdrungen hell von Licht.
Botschaft kommt uns von den Sternen,
dass wir neu zu leben lernen
und die Kette niemals bricht.

Die *spirituelle Dimension* der Freimaurerei kann, aber muss in keiner Weise religiös oder gar esoterisch begriffen werden. Innerhalb einer sich humanistisch verstehenden Freimaurerei ist die vom Ritual vermittelte Spiritualität ein komplementärer Faktor zu Freundschaft und ethischer Orientierung. Zur Spiritualität des Freimaurers gehört vor allem die Motivation, sich mit Sinn- und Wertfragen des Daseins, der Welt und der Menschen und besonders der eigenen Existenz und seiner Selbstverwirklichung im Leben zu beschäftigen.[41] Das Ritual setzt hierfür den Rahmen und vermittelt immer wieder neue Impulse, die auch außerhalb des Rituals weiterwirken können und auf Dauer die Reflektiertheit und geistige Offenheit des Freimaurers generell fördern. Die Formel des leitenden Meisters „Die Loge ist geöffnet" kann ja nichts anderes bedeuten als Bewusstsein, Empfindung, Gemüt des Bruders zu öffnen. Dann kann sich ereignen, was Friedrich Nietzsche mit den Worten beschreibt: „Die größten Ereignisse — das sind nicht unsre lautesten, sondern unsre stillsten Stunden."[42]

Spirituelle Bedürfnisse sind gemüthafte Bedürfnisse: das Verlangen nach Sinn, Ziel, Halt, Ordnung, Trost, Mut im Leben. Wie alle geistigen Bedürfnisse, die zur Natur des Menschen gehören, können sie eine religiöse und eine nicht-religiöse Antwort finden. Jedenfalls ist es intellektuell unredlich, bereits diese Bedürfnisse selbst religiös zu ver-

41 Vgl. Sponsel, Rudolf: Spiritualität. Eine psychologische Untersuchung, http://www.sgipt.org/wisms/gb/spirit0.htm, zuletzt aufgerufen am 09.12.2015.

42 Nietzsche, Friedrich Wilhelm: Also sprach Zarathustra. Ein Buch für Alle und Keinen. Werke, Kritische Gesamtausgabe, Berlin 1968, S.165.

einnahmen und mit Hilfe eines weitgefassten, funktionalistischen Religionsbegriffs jeden Sinnsucher zum Gottsucher zu mystifizieren.

Eine „offen" erlebte Spiritualität führt zur Erfahrung geistig-emotionaler Qualitäten wie Liebe, Mitgefühl, Verantwortung, Sorge für andere, Geduld, Toleranz, Demut, Vergebung, Zufriedenheit und Harmonie, alles Aspekte des Lebens und der menschlichen Wahrnehmung, die über eine rein materialistische Sicht der Welt hinausgehen, ohne notwendigerweise den Glauben an eine übernatürliche Wirklichkeit oder ein göttliches Wesen vorauszusetzen.

Auch zu einer *säkular verstandenen* Spiritualität des Freimaurers gehört es, sich mit Sinn- und Wertfragen des Daseins zu beschäftigen, mit der Beschaffenheit der Welt und den Lebensmöglichkeiten der Menschen und besonders mit der eigenen Existenz und seiner Selbstverwirklichung im Leben sowie in der Vorbereitung auf den Tod.

Das Ritual bekräftigt die für Bund und Brüder unverzichtbaren Gestaltungsprinzipien der Freimaurerei – *Weisheit, Stärke und Schönheit* –, die dem Freimaurer allerdings nicht zufallen, sondern erarbeitet werden müssen.

- *Weisheit* meint wertbezogene Vernunft, intellektuelle Klarheit, Redlichkeit der geistigen Vermittlung, Reflektiertheit, skeptisches Hinterfragen, Erkennen der eigenen Grenzen, Bescheidenheit, Besonnenheit, Wissen darum, dass törichtes Daherreden und Provozieren um jeden Preis nicht nur die eigene Würde beschädigt, sondern auch Diebstahl der begrenzten Lebenszeit anderer ist.
- *Stärke* bedeutet Tatkraft, bedeutet das konstruktive Vermögen, Ideen auch umzusetzen. Weisheit allein

reicht nicht aus, Sinn genügt nicht, wenn nicht sinnvoll *gehandelt* wird. „Es gibt nichts Gutes, außer: man tut es!", so kurz und knapp beschied bekanntlich Erich Kästner die wortreich Ausufernden.

- Wie die Stärke, so ist neben der Weisheit auch die *Schönheit* unverzichtbar als Gestaltungsprinzip des Freimaurerbundes und Maßstab für den brüderlichen Habitus, als Prinzip, das ausgehend vom Ästhetischen, von der apollinischen Dimension, von der Schönheit der Symbole und Rituale, von der Musik im Tempel und bei der Tafel hinüberreicht zur *Lebenskunst und Lebenskultur*, worin sich ja Freimaurerei – wenn sie gelingt – als „Königliche Kunst" erst vollendet.

Drei zentrale Bilderwelten

Die Freimaurerei fasst im Ritual das ihr eigene Menschenbild und ihr Selbstverständnis in drei großen Sinnbild-Komplexen zusammen, die immer wieder in verschiedenen Formen ästhetisch-rituell gestaltet werden: der *Symbolik des Lichtes,* der *Symbolik des Wanderns* und der *Symbolik des Bauens.* In der Geschichte des Bundes wurden diese Symbole unterschiedlich verstanden, gestaltet, zusammengefasst und erweitert. Freimaurerei war auch im Hinblick auf ihre Symbolik immer ein Raum, „in dem vieles möglich war" (Monika Neugebauer-Wölk), und der dennoch wesentliche Erscheinungsformen und Grundstrukturen gemeinsam hatte. Es gab also gleichzeitig immer die Freimaurerei (Singular) und die Freimaurerei*en* (Plural). Die folgenden Überlegungen verstehen sich als *idealtypische* Darstellung zur Freimaurerei (Singular), mehr noch, sie spekulieren subjektiv im Sinne einer Humanistischen Freimaurerei über die Transferbeziehungen zwischen Symbolverständnis und freimaurerischer Praxis, d. h. sie versuchen auszuloten, was sich aus einer *erlebnisintensiven und einübungsethisch wirksamen* Symbolik für das Verhalten des Freimaurers und die Gestaltung freimaurerischer Institutionen ergibt. Ich folge damit meinem Grundverständnis von Freimaurerei als einer *Lebenskunst*, die – im Rahmen einer ethisch ausgerichteten, an Aufklärung orientierten, humanistischen Freimaurerei – menschliches Miteinander und ethische Lebensorientierung durch Symbole und rituelle Handlungen in der Gemeinschaft der Loge darstellbar, erlebbar und erlernbar macht. Rituale sind „Handlungsformen von Symbolen“ (Thomas Luckmann), und nach meinem freimaurerischen Grundverständnis sind es vor allem die *Handlungsaspekte des Rituals*, die Interesse und ritual-praktische Sorgfalt erfordern.

Innerhalb der freimaurerischen Symbolwelt veranschaulicht die *Lichtsymbolik* den transzendenten Bezug des Freimaurers, seine Rückgebundenheit an einen tragenden Grund seines Seins, den Anker seiner Verantwortung und die Quelle seiner Hoffnung. Licht symbolisiert Lebenskraft und Lebensgrundlage, Sicherheit und vertrauenswürdige Ordnung. In allen Religionen hat die Lichtsymbolik ihren festen Platz. Sie kennzeichnet, oft konkretisiert in den Bildern der sinnlich erfahrbaren Lichtträger – Sonne, Mond, Sterne, Blitz und Feuer –, Mythen und Kulte und gelangt als zentraler Bestandteil der masonischen Bilderwelt auch in das freimaurerische Ritual. „Ohne dich“, so heißt es beispielsweise in Mozarts Freimaurer-Kantate *Dir Seele, des*

Weltalls, o Sonne, „lebten wir nicht, von dir nur kommt Fruchtbarkeit, Wärme und Licht!"

Licht ist in allen Kulturen das wichtigste Medium der Spiritualität. Es erlaubt – dies ist auch die Erfahrung der großen Mystiker – unmittelbare, subjektive und dogmenfreie Zugänge zur Transzendenz, die den Menschen umgibt und die zugleich in ihm selber wohnt.

Licht steht aber nicht nur für Spiritualität, sondern auch für *Aufklärung*, für den menschlichen Akt der Wahrheitserkenntnis, dafür, dass der Maurer – so will es das Ritual – sich vor Lehren hüten soll, die das Licht der Vernunft nicht aushalten. In der Sprache des Rituals: „Was das Licht für die Augen, das ist die Wahrheit für den Geist des Menschen. Unwissenheit und Vorurteil verhalten sich zu der Wahrheit, wie Finsternis und Dunkel zum hellen Tag." Es ist diese ausgreifende Bedeutung des Lichts als komplexes Symbol für Lebensquelle, Lebenskraft, moralische Wegweisung und Suche nach Wahrheit, welche die „Lichtgebung" zum zentralen Bestandteil des Aufnahmerituals und die „Lichteinbringung" zum Kern der rituellen Einsetzung einer Loge oder der Einweihung eines neuen Tempels macht.

Die Beziehungen zur freimaurerischen Alltagspraxis sind leicht erkennbar: *Redlichkeit und Wahrhaftigkeit* werden angemahnt, der Verzicht darauf, als Wahrheit auszugeben, was eigenes Vorurteil ist. Die Loge will – auch dies ist Grundlage des Rituals – „eine sichere Stätte sein für alle, die Wahrheit suchen". Wohlgemerkt, für die, die Wahrheit *suchen*, nicht für die, die meinen, universelle Heilsrezepte zu besitzen und ewige Wahrheiten zu verwalten. Hier ist an ein Wort und eine Warnung Lessing zu erinnern, dass nicht die Wahrheit, sondern die Mühe der Wahrheitssuche den

Wert des Menschen ausmacht, und dass „nicht der Irrtum, sondern der sektiererische Irrtum, ja sogar die sektiererische Wahrheit das Unglück der Menschen machen oder machen würden, wenn die Wahrheit eine Sekte stiften wollte".[43] Hierzu kommt mir auch ein Gedicht Erich Frieds in den Sinn, eines sensiblen Aufklärers unserer Tage: „Zweifle nicht an dem, der dir sagt, er hat Angst – aber habe Angst vor dem, der dir sagt, er kennt keinen Zweifel."

Die Symbolik des *Wanderns* veranschaulicht den besonderen Charakter der menschlichen Lebensreise. Wandermythen gehören zu den uralten Bestandteilen menschlicher Bewusstwerdung. Wander-Epen wie Homers Odyssee erzählen nicht nur das Schicksal von Helden. Sie bezeugen auch die Bestimmung des Menschen, Wanderer zu sein. Auch eine moderne Filmgattung bestätigt immer wieder einen archaischen Befund: Das menschliche Leben ist ein Roadmovie. Der Mensch ist unterwegs, er muss aufbrechen, er verändert sich, er hat Altes hinter sich zu lassen und selbst, wenn er zum Ausgangspunkt zurückkehrt, ist er verändert und hat die Chance, die Veränderung produktiv an sich selbst zu erleben. Rainer Maria Rilke hat dieses „Zurückkehren, aber doch Verändertsein" bekanntlich in das schöne Bild vom „Leben in wachsenden Ringen" gefasst: „Ich lebe mein Leben in wachsenden Ringen, die sich über die Dinge ziehn. Ich werde den letzten vielleicht nicht vollbringen, aber versuchen will ich ihn."

Die symbolischen Reisen, die der Freimaurer als Suchender, Lehrling oder Geselle unternimmt, gehören zu den wichtigs-

---

43 Zitiert nach http://www.zeit.de/reden/gesellschaft/200405_rau_religion/seite-12, zuletzt aufgerufen am 16. 12. 2015.

ten Formen performativen Handelns im Ritual, denn diese „wirken in erster Linie über die Inszenierung und Aufführung der Körper der beteiligten Menschen".[44]

Freimaurerei hat mit Wanderungen vielerlei Art zu tun: Der Aufnahmekandidat wandert zum Licht, der Lehrling macht „Gesellenreisen", der Geselle wandert – konfrontiert mit der Unabänderlichkeit des Todes – auf dem Weg zur Meisterschaft, und auch für den Meister wird das „Wandern zwischen Sternen und Gräbern" immer wieder zu Erlebnis und Anstoß. Der Rahmen dieses Wanderns durch die sich durch Wiederholung von Mal zu Mal vertiefenden rituellen Erlebnisse ist das System der drei freimaurerischen Grade Lehrling, Geselle und Meister. Für mich lässt sich dieser Rahmen durch zusätzliche Ritualerfahrungen nicht sinnvoll erweitern.

Die Wandersymbolik hilft erkennen, dass es sich bei den Ritualen der Freimaurer nicht um *Verkündigungsrituale* oder Rituale der *Manifestation nicht zu hinterfragender Überzeugungen* handelt, sondern um *Erprobungsrituale* oder *Rituale der Suche*, die schrittweise Erkenntnis und korrigierbares Lernen verdeutlichen, was zugleich bedeutet, dass freimaurerische Rituale bei aller Konstanz ihrer Form „offene" und keine hierarchisch vermittelten Rituale sind – oder doch sein sollten.

Leben als Wandern zu verstehen, ist auch den Gedanken und Bildern anderer Denksysteme und Ausdrucksformen von Kultur eigen. Die Anschaulichkeit und Intensität der sinnlichen Erfahrung der freimaurerischen Rituale wird

---

44 Wulf, Christoph: Wozu brauchen wir Rituale?, http://www.earnestalgernon.de/node/154, zuletzt aufgerufen am 04.12.2015.

allerdings nur selten erreicht. Das freimaurerische Brauchtum ist nun einmal sowohl durch eine besonders sinnreiche Ritual*struktur* als auch durch eine besonders eindruckvolle gruppendynamische Qualität des Ritual*vollzugs* geprägt.

Wir Freimaurer erfahren beim Wandern, bei den Reisen, die Essenz unseres Menschseins. Wir erleben, dass wir unterwegs sind zwischen Geburt und Tod. Wir erleben uns im Aufbruch und im Vollbringen. Wir erleben uns aber auch in der Gefährdung, im Scheitern gar und im Sterben. Die Stimmung der „Winterreise“ ist uns vertraut: „Fremd bin ich eingezogen, fremd zieh ich wieder aus.“ Doch wir erfahren auch schöpferische Freude, wir erleben die Aufforderung zum Neubeginn, die Chance, aufzubrechen zu uns selber, die Gelegenheit, unsere besseren Möglichkeiten auszuloten, insbesondere die Möglichkeit, das zu werden, was wir eigentlich sind: Wir erleben eben nicht nur das „Stirb“, sondern auch das „Werde“. Allerdings: wir erfahren auch immer wieder, dass der Weg, neu zu empfinden, neu zu denken, neu zu handeln und neu zu werden mühsam bleibt, und dass er nichts zu tun hat mit Esoterikschnellkursen fragwürdiger Provenienz, wie sie heute so gern angeboten werden und von denen uns gründlich abzugrenzen eine ganz zentrale Aufgabe freimaurerischer Öffentlichkeitsarbeit – aber auch der „Arbeit nach innen“ – sein muss.

Als Wanderer erleben wir Maurer uns allein und in Gemeinschaft. Wir werden mit der Notwendigkeit konfrontiert, Einsamkeit auszuhalten und uns – auf uns zurückgeworfen – selbst zu erkennen. Wir werden dazu angehalten, uns über uns nichts vorzumachen. Doch wir lernen auch, dass Selbsterkenntnis kein Akt narzisstischer Selbstbespiegelung bleiben darf, dass Selbsterkennen und Selbstwerden vielmehr von unseren Fähigkeiten abhängt, auch für den anderen da zu sein, ihn zu begleiten, ihm zu helfen, uns auch von ihm helfen zu lassen und mit ihm zusammen unser Dasein zu meistern.

Freimaurerisches Wandern ist nicht nur auf das Erreichen von Zielen angelegt, es ist auch Wandern *im Kreise*, Weitergehen und Wiederkehr zugleich. Wandern als Kreisen zu verstehen ist von großer anthropologischer Bedeutung. Denn Kreisen heißt, einem Zentrum verhaftet zu bleiben und doch ständig die Perspektive zu verändern. Der Prozess der Selbsterkenntnis ist ein solches Kreisen um die eigene Person, die es von verschiedenen Blickpunkten aus kritisch zu betrachten gilt. Aber auch die Welt enthüllt ihren Charakter nur „schrittweis dem Blicke“, wie es in Goethes Freimaurergedicht „Symbolum“ heißt. Und schließlich stellt sich auch unser Bezug zur Transzendenz als ein stetiges Kreisen dar. Wiederum hat Rilke dafür schöne Bilder gefunden, wenn er – ich möchte sagen durch und durch freimaurerisch – dichtet: „Ich kreise um Gott, um den uralten Turm, und ich kreise jahrtausendelang; und ich weiß noch nicht: bin ich ein Falke, ein Sturm oder ein großer Gesang.“ Wir wissen nicht, und wir suchen. Wir haben die Wahrheit über Gott und uns selbst nicht parat. Der Turm verschließt mehr als er preisgibt. Das Große im kleinen Bild, im Symbol eben, zu fassen, bleibt unser Geschäft. Dass es gelingen kann, im Unsicheren, in der Kontingenz, Sicherheit zu gewinnen, ist für mich eine entscheidende Erfahrung gelingender Freimaurerei. Der Diktatur des Definitiven zugunsten schwebender Möglichkeiten zu entgehen, mag unbequem sein, aber es vermittelt Freiheit.

Wandern macht geistig produktiv. Die peripatetischen Philosophen um Aristoteles wussten davon, die im Peripatos, der Wandelhalle, umhergingen, um Gedanken zu entwickeln, die sie sich für Lehr- und Diskussionszwecke mitteilten. Friedrich Nietzsche, der leidenschaftlich wandernde Umwerter aller Werte hatte nicht nur am Surleifelsen blitzende Einfälle, die sich zu gedankenmächtigen und wortschönen Aphorismen verdichteten. Wandern bringt Erfahrungen, die den daheim Gebliebenen verschlossen sind. Der seit dem späten Mittelalter handwerksübliche „Wanderzwang“, die Pflicht der Gesellen, für längere Zeit Arbeit außerhalb ihres Heimatgebiets anzunehmen, wurzelt hier, und heute kann das besuchsweise Wandern des Freimaurers von Loge zu Loge manche Introvertiertheit aufbrechen. Schließlich: Zur Persönlichkeitsentwicklung durch Wandern hatte schon Goethe in den Schlusszeilen seines Gedichts über die „Perfektibilität“ das Fazit gezogen: „Willst Du besser sein als wir, lieber Freund, so wandre!“

Wie immer wir es sehen: Das rituelle Wandern berührt den Kern unserer Person. Dass es des Schutzes bedarf, dass es intern bleiben muss, dass es in diesem Sinne „esoterisch“ ist, dass umgekehrt eine allzu große und unbedachte Publizität *geradezu schamlos* wäre, versteht sich wohl von selbst.

Die Bilderwelt des *Bauens* schließlich umreißt Inhalt und Ziel unserer Arbeit: Wir Freimaurer bauen am *Tempel der Humanität*. Wir verstehen Sein und Zeit als sinnvoll zu gestaltende Bauwerke. Wir gehen davon aus, dass unserem Bauen eine wertgebundene Bauidee zugrunde liegt, die wir – ohne jede *inhaltliche Bestimmung*, fern ab von der *Dogmatik eines kreativen Designs* und ohne dass die Loge zur *religiösen Vereinigung* wird – mit dem Symbol eines universellen Großen Baumeisters umschreiben. Gewiss, wir bauen ein Fenster zur Transzendenz, denn „über sich“ hinaus zu schauen ist eine Grundbefindlichkeit des Menschen. Doch was der Maurer sieht, wenn er durch dieses Fenster blickt, ist innerhalb der Loge *sein* Geheimnis, das ihm durch seine Philosophie oder Religion (und eben nicht durch die Freimaurerei) vermittelt wird. Es wäre schamlos, ihn danach zu fragen, und es wäre anmaßend, am Inhalt seiner Überzeugungen Anstoß zu nehmen, so lange sie mit den Wertvorstellungen der Freimaurerei übereinstimmen und er sie nicht selbst mit Freimaurerei vermischt.

Grundlegend für die Bausymbolik ist, dass wir uns selbst als *Bausteine* verstehen, deren Auftrag und Schicksal es ist, den Weg vom rauen zum behauenen Stein zu nehmen, lebenslang und unabweisbar, aber mit der Hoffnung auf Gelingen und auf der festen Grundlage eines positiv-optimistischen Menschenbildes. Wir bauen eine Heimat für Menschen, eine Heimat, die nicht nur am großen Entwurf des Tempelbaus orientiert ist, die vielmehr vor allem im tagtäglichen Bemühen um menschenwürdige Wohnverhältnisse in den Alltagsgehäusen unserer Mitmenschen ihren Ausdruck zu finden hat.

Bauen und Wohnen gehören zusammen. Philosophen wie Martin Heidegger, Ernst Bloch und Otto Friedrich Bollnow, aber auch philosophierende Schriftsteller wie Antoine de Saint-Exupéry haben betont, dass der Mensch wesensmäßig ein Wohnender ist, der auf den Schutz durch künstlich errichtete Mauern angewiesen ist, und der baut, um beheimatet zu sein. Für Bloch ist Bauen ein Produktionsversuch menschlicher Heimat, und Heidegger formulierte im Rahmen des vielbeachteten „Darmstädter Gesprächs“ zum Thema „Mensch und Raum“ im Jahre 1951: „Das Wesen des Bauens ist das Wohnenlassen. Der Wesensvollzug ist das Errichten von Orten durch das Fügen ihrer Räume. Nur wenn wir das vermögen, können wir bauen. Das Wohnen aber ist der Grundzug des Seins.“[45] Das „Nicht-Wohnen-Können“ umgekehrt, die Obdachlosigkeit, verletzt zutiefst die Würde der davon betroffenen Menschen, nicht nur, weil der Besitz einer Wohnung eine elementare Notwendigkeit für physisches menschliches Überleben ist, sondern auch, weil Haus und Wohnung ganz spezifische kulturelle Identitäten stiften, über die zu verfügen gleichfalls ein Grundanliegen der Menschen ist. Seitdem der Mensch Mensch ist, hat er gebaut, wenn auch – die großen Baulegenden der Religionen geben darüber ebenso Auskunft wie die abschreckenden Beispiele der Baugeschichte – das Maß des Menschlichen oft verfehlt worden ist. Nicht nur einzelne Menschen, auch Gemeinschaften sind auf Raum und Heimat, d. h. auf Verwurzelung an festen Orten angewiesen. Für Logen gilt dies sogar in einem gesteigerten Maße. Ihre Lebenskraft, ihre rituelle, soziale und kulturelle Entfaltung, die sichere Gelassenheit, mit der sie neue Menschen anzusprechen in der Lage sind, all das hängt davon ab, ob sie Räume besitzen, die *Heimat konstituieren*. Und von dieser *Heimat*, diesem *Heim* her, macht es für uns Freimaurer heute noch Sinn, vom Ge*heim*nis zu sprechen.

Unser symbolisches Bauen folgt Regeln und verzichtet doch auf ein festes Bauprogramm. Freimaurerei ist mit Ideologie und Dogma nicht vereinbar, und für den nachdenklichen

---

45 Heidegger, Martin: Bauen, Wohnen, Denken, in: Das Darmstädter Gespräch 1951, Neuausgabe Braunschweig 1991, S. 100.

Maurer taugt kein rigide festgelegter Kurs. Gewiss: Die Freimaurerei hat zentrale Werte, Leitideen, die immer wieder um die Idee des auf Würde und Freiheit angelegten Menschen kreisen und die auch unsere Bilderwelten von Licht, vom Wandern und vom Bauen bestimmen. Aber Ideen sind nun einmal wie Sterne, die nie unmittelbar erreichbar sind und denen wir auch nicht die Pluralität der Auffassungen opfern dürfen, zu der wir Freimaurer uns bekennen. An Ideale darf man sich nur in offenen, der Kritik zugänglichen Suchprozessen annähern. Nicht selten mussten die Menschen erfahren, wie recht der Philosoph Karl Popper mit seiner Feststellung hat, dass „der Versuch, den Himmel auf Erden einzurichten, ... stets die Hölle (erzeugt)“[46], und wie ratsam es ist, seiner – sehr freimaurerischen – Empfehlung zu folgen:

> *„Wenn wir die Welt nicht wieder ins Unglück stürzen wollen, müssen wir unsere Träume der Weltbeglückung aufgeben. Dennoch können und sollen wir Weltverbesserer bleiben – aber bescheidene Weltverbesserer. Wir müssen uns mit der nie endenden Aufgabe begnügen, Leiden zu lindern, vermeidbare Übel zu bekämpfen und Mißstände abzustellen; immer eingedenk der unvermeidbaren ungewollten Folgen unseres Eingreifens, die wir nie ganz voraussehen können ...“*[47]

46 Popper, Karl R.: Die offene Gesellschaft und ihre Feinde. Band II, Tübingen, 1992, S. 277.

47 Ders.: Das Elend des Historizismus, Tübingen 1979, S. VIII.

Auch den Freimaurern droht der Einsturz von Gebäuden, wenn sie ihre Offenheit verlieren, wenn sie ideologisieren und polarisieren, wenn Programme und verbandspolitische Profile Vorrang haben gegenüber der einen unverzichtbaren maurerischen Grundsubstanz, bestimmt vom Dreiklang: intellektuelle Redlichkeit, humanitäre Gesinnung und engagierter Mit-Menschlichkeit in allen unseren Beziehungen. Nicht ein festgelegter rigider Plan bestimmt somit das Bauen des Freimaurers. Freimaurerei als Bau*stil*, darauf kommt es an. Und auch dies gilt: Kein abgeschlossener Bau ohne einen neuen Bauauftrag, denn Bauhütten waren nie Selbstzweck, Bauhütten hatten immer einen Auftrag, in Bauhütten wurde und wird immer weitergebaut.

Was soll gebaut werden? Und vor allem: Wie sollen wir bauen? Das freimaurerische Ritual gibt umfassend Auskunft: Ein *Tempel der Humanität* ist es, an dem wir arbeiten, eine *Heimat brüderlicher Gesinnung* ist zu schaffen, eine *Schule edler Menschlichkeit* soll begründet und eine *sichere Stätte* errichtet werden *für alle, die Wahrheit suchen.* Und die Bausteine, die wir brauchen, sind „Menschen, Menschen, immer neue Menschen".

Hier wird sie wieder klar erkennbar, die große schöpferische Leistung der Alten Freien und Angenommenen Maurer, die Idee des Bauens auf die soziale, auf die moralische Welt, auf das Leben selbst zu übertragen, Menschen als Bausteine zu verstehen, die kein passives Material sind, die sich zwar einordnen müssen in den großen Bau der Mitmenschlichkeit, aber nicht unter Zwang, sondern als Ausdruck individueller Verantwortung, verfügend über den Maßstab des Sittengesetzes, der den Freimaurer lehrt, die symbolischen Werkzeuge recht zu gebrauchen und sie anzuwenden im offenen brüderlichen Miteinander auf der vom Ritual dafür bestimmten Grundlage der schönen, reinen Menschenliebe, der Brüderlichkeit aller.

Es sind die alten Sprach- und Bewegungsformen des Rituals, die uns zu Nachdenklichkeit und ethischer Einübung verhelfen. Sie ernst zu nehmen in ihrer nachdrücklichen Schlichtheit schützt vor einer gar nicht so seltenen Fehlhaltung der Freimaurer: sich berauschen zu lassen vom Klang der eigenen Worte und zu meinen, im Tempel Humanität zu sagen, hieße bereits Humanität zu verwirklichen. Hier droht ständig die große Gefahr einstürzender Alt- und Neubauten, die es zu vermeiden gilt. Hier ist die Falle der Unglaubwürdigkeit angesiedelt, die darin besteht, bei Zweifeln im Inneren und bei Angriffen von außen nicht mit kritischer Prüfung und Korrektur zu reagieren, sondern mit einem Schwall neuer Wörter, Beteuerungen und Apologien zu erwidern, mit denen dann wiederum das Bild der tatsächlichen Freimaurerei verfehlt wird. Die Freimaurer haben aber nicht auf dem Markt der Parolen zu konkurrieren, sie müssen vielmehr mit Inhalten bestehen. Und dies ist mit Arbeit verbunden: Die großen Bauvorgaben der Freimaurerei – Humanität, Brüderlichkeit, Gerechtigkeit, Friedensliebe und Toleranz – treten nur dadurch aus der Welt der Schlagworte heraus, dass sich jeder einzelne Bruder um ihre Konkretisierung bemüht. Wer helfen will, eine humane Welt zu errichten, muss sich ein realitätsnahes, den Dunstkreisen der Stammtische fernes Bild der Wirklichkeit verschaffen und mit anderen Menschen guten Willens um Erkenntnis dessen ringen, was eine humane Welt angesichts menschenfeindlicher Tendenzen heutzutage bedeuten kann und wie eine solche Welt wenigstens ansatzweise zu erreichen wäre.

Am Bau einer besseren Welt mitzuwirken mit Sensibilität, Augenmaß, Empathie und Engagement wurde immer schon als Werkaufgabe der Freimaurerei verstanden. Den Inhalt dieser Aufgabe für unsere Zeit auszuloten, die *Dimension des Politischen* für die Arbeit der Brüder, der Logen und der Großlogen in ihren Möglichkeiten, aber auch in ihren Grenzen eindeutiger zu fassen und umzusetzen, hieran sollte mit geschärftem Bewusstsein für das Mögliche und Nötige viel intensiver gearbeitet werden als bisher.
Der Bausymbolik möchte ich schließlich auch die in der Freimaurerei oft präsente *Zahlensymbolik* zuordnen. Bauen erfordert Messen und Rechnen, Rechnen setzt Zahlen und damit verbundene Proportionen voraus. Diese Proportionen sind ebenso Symbole eines gelingenden Lebens wie die Bausymbole im engeren Sinne. Sie haben im Ritual ihren festen Platz, zumal zwischen ihnen und der freimaurerischen Ästhetik und damit der Säule der Schönheit enge Beziehungen bestehen. Es sind ja *drei* Säulen, die die symbolische Struktur des freimaurerischen Tempels bestimmen. Sie tragen den Bau gemeinsam. Zeigt eine von ihnen Risse, so gerät der Bau ins Wanken. Und doch: Fragte man in den Logen, ob es eine Rangfolge der Säulen gäbe, so lägen Weisheit und Stärke vermutlich deutlich in Front, und die Schönheit hätte Mühe, Schritt zu halten. Auch die Sprache der Rituale weist auf eine solche Nachrangigkeit der Schönheit hin: Während Weisheit und Stärke den Bau „leiten“ und „ausführen“, soll Schönheit – ein *lediglich* ist hier durchaus berechtigt – „zieren“ oder „vollenden“. Dass der Schönheit diese eher untergeordnete Bedeutung beigemessen wird, scheint mir nicht gerechtfertigt zu sein. Denn für mich ist Schönheit nach alter Tradition ein unverzichtbares Gestal-

tungsprinzip des Tempelbaus der Humanität, bei dem sich Freimaurerei ja auch im Hinblick auf Ethik und Moral als „Königliche Kunst“ erweisen und vollenden soll.

Symbolische Ordnung, symbolischer Raum, symbolische Zeit

Die genannten drei grundlegenden und komplexen freimaurerischen Bilderzählungen vom Licht, vom Wandern und vom Bauen sind *großartige Vorgaben für das auf ihrer Grundlage zu vollziehende dramatisch-psychologische Erleben*, das Inhalt der freimaurerischen Rituale ist, und die Rituale des Lehrlings-, Gesellen- und Meistergrades, die diese Bildwelten aufnehmen und variieren, vermitteln auf überzeugende Weise, was ein freimaurerisches Ritual zu leisten vermag:

- Ruhe und Nachdenklichkeit zu fördern,
- Erfahrung von menschlicher Entwicklung durch gemeinsamen Mitvollzug der Initiation neuer Brüder und anderer „Übergangsriten“ (Beförderungen und Erhebungen) zu vermitteln,
- ethische Erziehung durch Symbole und rituelle Handlungen zu bewirken,
- Erleben von kreativer Öffnung aller Sinne durch die rituelle Multimedialität zu ermöglichen sowie
- Impulse zur Auseinandersetzung mit menschlichen Grenzerfahrungen zu geben.

Und für mich bestätigt sich immer wieder beim Ritualvollzug, dass freimaurerische Rituale desto überzeugender und erlebnistiefer sind, je näher sie an die universellen Kerne existenzieller Menschheitssymbole heranreichen und je entschiedener sie auf oft willkürliche Auffächerungen von aus Esoterik, Spätaufklärung und Romantik stammenden, heute aber kaum mehr aussagekräftigen rituellen Welten verzichten.

Die Zugänge des einzelnen Freimaurers zu Symbolen und Ritualen können durchaus unterschiedlich sein: Diesen mag vor allem die kontemplative Seite des Brauchtums ansprechen, das Ruhe-Finden, das Zu-sich-Kommen im Fließen von Sprechfolgen und Bewegungen im Ritual. Jener mag in erster Linie vom kosmologischen Gehalt des Rituals angezogen werden, vom behutsamen Ansprechen der Beziehungen Mensch/Welt, Mensch/Kosmos, Immanenz/Transzendenz. Ein anderer wiederum schätzt vor allem die ethisch-erzieherische Qualität des Rituals: tauglicher zu werden als moralischer Baustein in seiner ganz konkreten Lebenswelt. Die Zugänge können sich darüber hinaus verändern: Was heute für mich wichtig ist, ist morgen vielleicht von geringerer Bedeutung. Daraus folgt, dass auch im Umgang mit Symbolen und Brauchtum *Offenheit* eine zentrale Kategorie der Freimaurerei ist.

Der dramatische Akt eines gelingenden Rituals ereignet sich keineswegs überall und immer. Er bedarf vielmehr einer auf das Ritual bezogenen *Rahmung*, einer festen *Struktur*, er erfordert die Einrichtung eines besonderen *symbolischen Raumes* und die Schaffung einer besonderen *symbolischen Zeit*.

In einem allgemeinen Sinne lässt die *Rahmung eines Rituals* erkennen, wann und auf welche Weise das rituelle Geschehen von den Alltagswirklichkeiten, in die es eingebettet ist, getrennt wird und wodurch es von diesen unterschieden ist. Durch den Charakter der Rahmung wird deutlich, in welchem Zusammenhang das Ritual mit den vorausgehenden und folgenden „profanen“ Handlungen steht.[48] Die Rahmung gibt somit Hinweise darauf, wie das Ritual mit seinen verschiedenen Dimensionen zu verstehen ist. Die Rahmung schafft den herausgehobenen Charakter des Rituals, sie sichert den spirituellen Charakter des rituellen Geschehens, sie zieht eine Grenze zwischen den Ritualteilnehmern und den vom Ritual Ausgeschlossenen und konstituiert auf diese Weise die Gemeinschaft, die erst hierdurch in die Lage versetzt wird, das Ritual zu begehen.

Was die Ordnung betrifft, so sind uns die Formen der Symbole und Rituale durch die klare und feste Struktur des freimaurerischen Brauchtums vorgeschrieben, für die in meiner Sicht – hier überzeugt mich das Modell der Schweizerischen Grossloge Alpina – allerdings der Loge (anstatt der Großloge) mehr Zuständigkeit zufallen sollte. Und es ist gut, dass hinsichtlich der Verbindlichkeit unserer rituellen Formen Konsens in der Bruderschaft besteht. Nur durch den Ausschluss von Willkür lassen sich Desorientierung und Irritation abwehren, nur so kann – im direkten wie im übertragenen Sinne – Ordnung gestiftet werden. Gerade aber diese *feste Ordnung in den Formen* gewährleistet wiederum *Freiheit im Ritualverständnis,* und unser Zugang zu Symbol und Ritual kann undogmatisch, offen und kreativ sein. Lessing hat diese Beziehung zwischen fester Bildvorgabe und schöpferischem Nach-Denken in seiner Laokoon-Schrift einmal mit folgenden Worten umrissen: „Dasjenige aber nur allein ist fruchtbar, was der Einbildungskraft freies

48 Vgl. hierzu und zum Folgenden: Wulf, Christoph: Wozu brauchen wir Rituale?, http://www.earnestalgernon.de/node/154, zuletzt aufgerufen am 19.11.2015.

Spiel lässt. Je mehr wir sehen, desto mehr müssen wir hinzu denken können. Und je mehr wir dazudenken, desto mehr müssen wir zu sehen glauben."[49] Diese subjektiven schöpferischen Annäherungen an ein Ritual, das in fester Form bewahrt wird, müssen wir hüten als kostbaren Schatz in einer Zeit, in der Formen häufig entweder banalisiert, wenn nicht gar zerstört, oder fundamentalistisch eingemauert und sektiererisch übersteigert werden.

Raum und Zeit: Im freimaurerischen Ritual gehören *symbolischer Raum und symbolische Zeit untrennbar* zusammen. Der symbolische Raum wird vom Meister vom Stuhl „geöffnet". Doch dieser Raum wird erst dadurch zu einem besonderen, von anderen Räumen unterschiedenen Raum, dass gleichzeitig die symbolische Zeit beginnt. „Zum Raum wird hier die Zeit", so heißt es – wenn auch nicht für das freimaurerische Ritual formuliert, so doch treffend in der Bedeutung – in Richard Wagners Parsifal. Erst durch den Hinzutritt der symbolischen Zeit gewinnt der Raum seinen Charakter als Symbol der Vollendung.

Wird nun die Loge als *symbolischer Raum* geöffnet oder wird die rituelle Arbeit als *symbolische Zeit* eröffnet?

Die großen deutschen Ritualreformer und -autoren waren sich nicht einig, wie die alte englische Formel „I declare the Lodge duly open" korrekt zu übersetzen sei. Friedrich Ludwig Schröder spricht von *öffnen*, Ignaz Aurelius Feßler – zeitgleich – von *eröffnen*, und das „Sonnenritual" Johann Caspar Bluntschlis folgt ihm darin, während es im Ritual der Großloge AFuAM wiederum *öffnen* heißt.

---

49 Lessing, Gotthold Ephraim: Werke (= Kunsttheoretische und kunsthistorische Schriften, Band 6), München 1974, S. 25 f.

Doch was für Worte wir auch immer verwenden, ihr Sinn ist das Entscheidende. Und Sinn der Öffnungsformel kann doch nur sein, dass wir als am Ritual teilnehmende Brüder unsere ganze Aufmerksamkeit im Augenblick des Hammerschlags des Meisters dafür *öffnen* und dafür *schärfen*, dass etwas Besonderes geschieht, nichts Magisches freilich, nichts Heiliges im Sinn der Religion, nichts von uns Unabhängiges, sondern etwas, das in uns ist, das von uns ausgehend in uns aktiviert wird. Findet diese Aktivierung nicht statt, bleiben wir unkonzentriert und abgelenkt, so war der öffnend-eröffnende Hammerschlag des Meisters vergeblich. Wir selbst, die im Tempel versammelten Brüder, sind es nämlich, die für die besondere Qualität von symbolischem Raum und symbolischer Zeit als grundlegende Ordnungssymbole der Freimaurerei verantwortlich sind.

„Öffnen" der Loge, Beginn der symbolischen Zeit heißt: *Öffnen des Bewusstseins von uns Brüdern* für den besonderen Raum, der uns hier umgibt, einen Raum, der uns schützt, der uns Heimat gibt, der insofern unser „Geheimnis" ist – denn Geheimnis meint sprachgeschichtlich nichts anderes als das zum Heim gehörende – und der uns doch zugleich wachen Sinnes mit unseren Mitmenschen, mit den Problemen der Welt, mit Natur und Kosmos und mit unseren Aufgaben, unserer Verantwortung im Hier und Jetzt verbindet. Denn der symbolische Raum der Loge – wir haben es früh gelernt – ist universell und unendlich, wie unsere Aufgabe, Gutes zu tun; reicht er doch von Ost nach West, von Süd nach Nord und vom Mittelpunkt der Erde bis zu den Sternen.

Und die symbolische Zeit? Die rituelle „Arbeit" ordnet die Zeit, indem sie als „Moratorium des Alltags" (Odo Marquardt) wirkt. Das Ritual schafft keine „heilige Zeit“, doch die rituelle Zeit der freimaurerischen Arbeit ist eine Zeit, die Heimat schafft. „Die Riten sind in der Zeit, was das Heim im Raum ist“, betont der französische Dichterphilosoph Antoine des Saint-Exupéry.[50] Dies wird von ihm dann weiter erläutert: „Denn es ist gut, wenn uns die verrinnende Zeit nicht als etwas erscheint, das uns verbraucht und zerstört, sondern als etwas, das uns vollendet. Es ist gut, wenn die Zeit ein Bauwerk ist.“[51]

Der Tübinger Philosoph Otto Friedrich Bollnow kommentiert ganz im Sinne meiner eigenen Auffassung bezüglich einer symbolischen Zeit: „Darin ist vor allem der Gedanke bedeutsam, dass die Überwindung der ‚verrinnenden Zeit‘ nicht in der Abkehr von der Zeitlichkeit und so im unmittelbaren Durchstoß auf die Ewigkeit gesehen wird, sondern darin, dass der Mensch in der Zeit die Zeit zum ‚Bauwerk‘ gestaltet, ganz ähnlich wie er auch räumlich seine Umwelt gestaltet.“[52]

Das Mittel, die Zeit zu gestalten, ist ihre Gliederung durch herausgehobene Haltepunkte.[53] Die symbolische Zeit unserer Tempelarbeit soll ein solcher Haltepunkt sein, kein sozialer Ausstieg, wohl aber eine Atempause im Strom der geschäftigen Zeit, eben ein festliches und zugleich besinnlich-schöpferisches „Moratorium des Alltags“.

---

50 de Saint-Exupéry, Antoine: Die Stadt in der Wüste. Citadelle, Bad Salzig und Düsseldorf 1951, S. 37.

51 Ebenda.

52 Bollnow, Otto Friedrich: Saint-Exupéry und sein Spätwerk, http://wernerloch.de/doc/Saint-ExuperyB.pdf, zuletzt aufgerufen am 04.12.2015.

53 Ebenda.

Die Rituale der Freimaurer sollen solche Haltepunkte sein, Haltepunkte, zurückzutreten aus den tagtäglichen, oft belastenden Rhythmen der Alltagszeit. Noch einmal Otto Friedrich Bollnow: „Indem der Mensch in diesen Pausen ganz aus der immer nur vorwärtsdrängenden Hast zurücktritt, gewinnt er Kontakt mit einem tieferen, im Zeitlosen ruhenden Lebensgrund und kehrt aus ihm nicht nur ausgeruht, sondern wirklich verjüngt in den zeitlichen Ablauf des Alltags zurück."[54]

Symbolischer Raum und symbolische Zeit gehören zusammen. Und sie gehören zu uns, sie sind unsere Heimat, und sie sind unser Geheimnis. An diesem Geheimnis haben nur die Anteil und können auch nur diejenigen Anteil haben, die dabei sind, wenn der Meister mit dem wichtigsten Hammerschlag der rituellen Arbeit die Loge öffnet und wenn die symbolische Zeit beginnt. Dieses Geheimnis kann tatsächlich nicht verraten werden, man kann es nur miterleben.

Immer, wenn Brauchtum und Ritual vernachlässigt oder für Schauzwecke instrumentalisiert wurden, verlor die Freimaurerei ihre Identität stiftende Grundlage. Freimaurer, Logen und Großlogen haben daher nicht zuletzt der Gefahr zu begegnen, das Ritual einer falsch verstandenen Modernität zu opfern. Im Gegenteil: Die schöpferische rituelle Arbeit erst, das Arbeiten mit den großartigen Bilderwelten des Lichts, des Wanderns und des Bauens, sichert den Kern der Freimaurerei, ist Brücke über die Zeiten und übt den Bruder ein in den richtigen Umgang mit sich selbst, mit der Transzendenz, mit anderen Menschen und mit den Dingen der Welt. Kurz: Die oft so unzeitgemäß empfundenen Rituale tragen bestimmend dazu bei, Freimaurerei als sozial

---

54 Ebenda.

tragende und Daseinsorientierung vermittelnde Lebenskultur zu erhalten. Denn Freimaurerei ist nicht mehr und nicht weniger als ethisch orientierte Freundschaft, eingeübt und gefestigt durch eine lichte Symbolik, die uns wandern und bauen, denken und fühlen, leben und sterben lehrt.

Zur Spiritualität des Rituals gehört seine Multimedialität. Es wirkt durch seine besondere Kombination von Sprache, Mimik, Gestik, Bewegung, Licht und Musik, wobei es für die Wirkung des freimaurerischen Rituals immer darauf ankommt, die einzelnen Medien sorgfältig aufeinander abzustimmen und insbesondere dafür zu sorgen, dass Sprechakte und Körperinszenierungen stets im Vordergrund bleiben.

Primat der alten symbolischen Handwerksgrade

Zur Ritualkultur einer sich humanistisch verstehenden Freimaurerei gehört für mich auch der eindeutige Vorrang der alten symbolischen Grade der Freimaurerei: Lehrling, Geselle und Meister. Dieser Vorrang ist nicht nur Bestandteil meiner grundsätzlichen Überzeugung, sondern auch Ergebnis meiner praktischen maurerischen Erfahrung. Beides, Überzeugung und Erfahrung, hat sich für mich zu einer Reihe von Erkenntnissen verdichtet, zu denen insbesondere die folgenden Feststellungen gehören:

- Die im Lehrlings-, Gesellen- und Meistergrad thematisierten und symbolisch-dramatisch ausgestalteten *Grundbefindlichkeiten des Menschen vom Leben bis zum Tode bestimmen den symbolischen Reichtum des Bundes*, der durch weitere Grade nicht vermehrt werden kann.

- Das sich auf menschliche Grenzerfahrungen ausgerichtete Ritualgut der drei freimaurerischen Basisgrade zeichnet sich gegenüber historisierenden, philosophierenden, ideologisierenden oder dezidiert religiösen Ritualbestandteilen dadurch aus, dass die auf seiner Grundlage gestalteten *Rituale unverändert aktuell* sind, dass sie nicht in Konflikt mit veränderten Geschichtsbildern sowie institutionellen oder individuellen Glaubensvorstellungen geraten können und dass sie keine Textbestandteile aufweisen, die im Sinne politischer Utopien und Handlungsaufträge missverstanden werden könnten.
- Die für alle Brüder gleiche Initiationsgrundlage vom Lehrling über den Gesellen zum Meister bewahrt die *Homogenität der Logengruppe* und schützt sie vor Konflikten.
- Das auf den drei Basis-Graden beruhende Logensystem könnte jederzeit als Modell für eine Ordnung gelten, die *gemäß demokratischer und pluralistischer Maßstäbe* „in der profanen Welt", d. h. im Leben der Gesellschaft, reproduzierbar wäre, was von allen hierarchischen Gradsystemen nicht gesagt werden kann.
- Schließlich ist die dreigradige Grundform der Freimaurerei viel *leichter in die Gesellschaft hinein zu vermitteln* als komplizierte, gestufte Gradsysteme, und sie ist auch kaum dazu angetan, Vorurteile und Verschwörungsvorstellungen auf die Freimaurerei zu ziehen. Insofern haben es die Freimaurer durch ihr Selbstverständnis, ihre institutionelle Struktur und die Praxis ihrer Darstellung nach außen zumindest partiell selbst in der Hand, Missverständnissen und Fehlbeurteilungen zu entgegnen.

Kernsymbole: Die drei „Großen Lichter“ der Freimaurerei

Die Freimaurerei kennt viele Symbole. In besonderem Maße kennzeichnend für sie ist die Bausymbolik, in deren Mittelpunkt die einem „Großen Baumeister“ symbolisch verpflichtete Idee von Sein und Zeit als sinnvoll zu gestaltenden Bauwerken steht. Der Bausymbolik entstammen auch viele „Kernsymbole“ der Freimaurerei, wie der *raue Stein* als Symbol für die Notwendigkeit des Menschen, an sich selbst zu arbeiten und den eigenen Habitus im Sinne einer Einverleibung von humanitärem Denken und Handeln zu verändern. Zu den Kernsymbolen der Freimaurerei gehören auch Winkelmaß, Zirkel und „Buch des heiligen Gesetzes“. Das *Winkelmaß* leitet und richtet – so will es altes Maurerverständnis – unsere Handlungen. Es ist der Inbegriff unserer ethischen Symbolik und steht somit im Kontext des zweiten Grundsteins unseres Bundes: Freimaurerei als ethisch orientierter Bund.

Die in den „Alten Pflichten“ festgeschriebene zentrale Idee der modernen Freimaurerei ist bis heute unverändert gültig: „Der Maurer ist seiner Bestimmung nach verpflichtet, das Sittengesetz zu befolgen“, und bildhaft verdichteter Ausdruck des Sittengesetzes eben ist das Winkelmaß. Das müssen wir freilich richtig verstehen. Die Freimaurerei entwickelt kein eigenes ethisches System und versucht schon gar nicht, ethische Überzeugungen in politische Programme zu übertragen. Sie kann nicht ein für alle Mal definieren, was wahr und gut, was frei und was gerecht ist. Dennoch: Mit ihren alten Wertpositionen – Menschlichkeit, Freiheit, Toleranz, Brüderlichkeit, Gerechtigkeit – gibt unser Bund nicht nur Denkorientierungen und Handlungsmaßstäbe vor, er bietet vielmehr auch Ethos und Methoden für Umgang und Arbeit des Freimaurers mit den Wertvorstellungen seines Bundes an.

Zum Stichwort „Ethos“ denke ich einmal daran, dass der Bauidee das Handeln zu folgen hat. Ein Winkelmaß, das sich nicht mit der Bereitschaft zum wirklichen moralischen Bauen, zur moralischen Praxis, verbindet, verliert den Charakter eines Werkzeugs. Bei Ethos denke ich weiter an das von Lessing gültig formulierte Prinzip, dass die Suche nach Wahrheit Vorrang hat vor ihrem vermeintlichen Besitz. „Nicht die Wahrheit“, so Lessings schöne Worte, „in deren Besitz irgend ein Mensch ist, oder zu sein vermeinet, sondern die aufrichtige Mühe, die er angewandt hat, hinter die Wahrheit zu kommen, macht den Wert des Menschen. Denn nicht durch Besitz, sondern durch die Nachforschung der Wahrheit erweitern sich seine Kräfte, worin allein seine immer wachsende Vollkommenheit bestehet. Der Besitz macht ruhig, träge und stolz ...“[55] Und was die Methoden betrifft, so hat unser Bund ein doppeltes Angebot: Einmal geht nichts ohne Diskurs und brüderliches Gespräch, eben ohne „laut denken mit einem Freunde“. Aber es muss ein wirklicher Diskurs sein, und nicht – wie hier und da praktiziert – lediglich Geschwätz oder auch Selbstgespräch, bei dem den Zuhörern nur die Rolle von Statisten bleibt.

Die andere Methode ist der schöpferische Umgang mit unseren Symbolen in der rituellen Arbeit. Symbole legen nicht fest, sie bleiben immer offen. Daher ist Arbeit mit ihnen

55 Lessing, Gotthold Ephraim: Über die Wahrheit, http://gutenberg.spiegel.de/buch/gotthold-ephraim-lessing-aufs-1166/1, zuletzt aufgerufen am 04.12.2015.

ein immerwährendes Sich-Einlassen auf neue Bedeutungen. Verpflichtung auf ethische Prinzipien und das stets neue Ringen um ihre Verwirklichung, das neue Suchen, Fragen und Einüben gehören untrennbar zusammen. „Einübungsethik" hat der Aachener Philosoph und Freimaurer Klaus Hammacher deshalb zu Recht die Ethik der Freimaurerei genannt.[56] Es geht um Einüben in das Konkretisieren von Werten, Einüben in Verhaltensweisen, Einüben in Umgangsstile, Stile des Umgangs mit sich selbst, mit anderen Menschen, mit den Dingen der Welt und mit Transzendenz.

Der *Zirkel* symbolisiert nach altem Verständnis die „allumfassende Menschenliebe", die unaufhebbare Verbindung von Ich und Du. Menschliche Existenz beginnt immer zu zweit. Zwei Schenkel hat der Zirkel. Ein Zirkel mit einem Schenkel wäre als Zirkel aufgehoben.

Zunächst und vor allem geht es um die Verbindung mit anderen Menschen, in der Loge zumal um die Verbindung von Bruder zu Bruder. Der Zirkel soll in unserem Bewusstsein die Einsicht verankern, dass die Menschen ihrer Natur nach auf Beziehungen zueinander angewiesen sind. Jeder von uns braucht andere Menschen um zu leben, um zu wachsen, um zu denken, um zu lieben. Der Zirkel steht somit im Kontext des ersten Grundsteins unseres Bundes: Freimaurerei als Gemeinschaft brüderlich verbundener Menschen.

Der Zirkel beschreibt aber keine kommunikative Idylle. Er ist vielmehr ein unbequemes Symbol. Er mahnt uns, wie wir mit anderen Menschen umgehen sollen, wie sich Zuneigung zueinander, Respekt voreinander, Hilfsbereitschaft füreinander, aber auch die Fähigkeit zum Aushalten und zum

56 Hammacher, Klaus: Einübungsethik. Überlegungen zu einer freimaurerischen Verhaltenslehre, Bayreuth 2005.

Austragen von Konflikten miteinander zu verbinden haben. Vor allem aber ist der Zirkel das Symbol der Freundschaft. Freimaurerei lebt nur, wo Menschen zu Brüdern und wo Brüder zu Freunden werden, wo – nach Lessings Wort – Raum und Atmosphäre vorhanden sind, „laut mit dem Freunde zu denken“.

Doch der Zirkel weist nicht nur auf das rechte Verhältnis zum anderen, zum Bruder hin. Er mahnt den Freimaurer auch zum rechten Umgang mit sich selbst: „Erkenne Dich selbst“, das kann ja wohl nur heißen: Finde im Miteinander mit dem Anderen zu Deiner Identität; erneuere Dich; brich zu Dir selber auf; werde, der Du bist!

Das „Buch des Gesetzes“, d. h. die Bibel, und im Zusammenhang damit der „Große Baumeister aller Welten“ sind – obwohl dies keineswegs so sein müsste – die schwierigsten, die am meisten kontroversen Symbole unseres Bundes. Dies hat vor allem zwei Gründe.

Der erste folgt aus dem Verständnis von freimaurerischer Regularität, wie sie von der Vereinigten Großloge von England (UGLE) in den „Basis Principles of Grand Lodge Recognition“ festgelegt wurde und welche die Anerkennung eines „Supreme Being“, eines „höchsten Wesens“ bzw. „übergeordneten Seins“ voraussetzt.

Der zweite Grund hängt mit den persönlichen Überzeugungen einzelner Freimaurer oder freimaurerischer Gruppen zusammen:

- Da gibt es einerseits immer wieder Brüder, für die Freimaurerei tendenziell eben doch mehr ist als ein ethisch-symbolischer Werkbund, für die Freimaurerei vielmehr Züge von Ersatz- oder zumindest Nebenreligion angenommen hat.

- Da gibt es auf der anderen Seite Brüder, die fast phobisch auf der Flucht sind vor religiösen Symbolen und die immer wieder neue Versuche starten, Bibel und „Großen Baumeister" ein für alle Mal aus der freimaurerischen Symbolik zu verdrängen.

Ich halte beide Einstellungen für verfehlt, weil beide die Bedeutung von Bibel und „Großem Baumeister" als Symbole verkennen bzw. falsch einschätzen. Zunächst: Auch die Vereinigte Großloge von England (UGLE) lässt in ihren Erklärungen keinen Zweifel daran, dass Freimaurerei keine Religion und auch kein Religionsersatz ist, dass es keinen eigenständigen freimaurerischen Gottesbegriff gibt und dass auch keine aus Elementen verschiedener Religionen zusammengesetzte Gottesvorstellung der Freimaurerei existiert. Ausdrücklich wird in einer Erklärung der UGLE vom Juni 1983 festgestellt, dass sich die Freimaurerei „in keiner Weise an die Gebräuche irgendeiner Religion anlehnt" – normativ gewendet: anlehnen *darf*. Das „höchste Wesen" kann dann nur – aber „nur" ist hier viel – die Funktion eines sinngebenden und handlungsleitenden Ideals besitzen, und jeder Freimaurer hat das Recht, dieses „regulative Prinzip" mit seinen persönlichen weltanschaulich-religiösen Vorstellungen zu verbinden.

Bibel und „Großer Baumeister" im Kontext der Freimaurerei dürfen folglich nicht mit den verschiedenen Gottesverständnissen der Religionen verwechselt oder gar gleichgesetzt werden. Sie begründen – wie gelegentlich missverstanden wird – auch keine religiösen Minimalanforderungen an den Freimaurer. Sie stellen vielmehr die *umfassenden Sinnsymbole des Bundes* dar und sind als solche vom Freimaurer zu respektieren.

Die Bibel symbolisiert als Gesetzbuch gemeinsam mit dem Winkelmaß das Sittengesetz, das der Maurer zu befolgen hat. Die Bibel ist aber auch das Buch, das den Herkunftsmythos der Freimaurerei beinhaltet, des *Mythos vom Bau des Salomonischen Tempels*, und daher sollte die Bibel – sofern sie nicht überhaupt geschlossen bleibt, was ihre Funktion als Symbol nicht mindert und in den Schröder-Logen praktiziert wird – an den Stellen aufgeschlagen werden, wo vom Tempelbau die Rede ist (1. Könige 6 oder 2. Chronik 3).
Aus all dem ergibt sich für den Freimaurer: Die Frage nach der religiösen Überzeugung eines „Suchenden", ja danach, ob er überhaupt eine Gottesvorstellung hat, ist für die Freimaurerei völlig irrelevant, *ja sie ist unzulässig*. Der Freimaurer hat sich moralisch, nicht religiös zu verpflichten. Ein *guter und redlicher Mann* soll er sein, ein *Mann von Ehre und Anstand*, *ohne Rücksicht auf Bekenntnis und religiöse Überzeugung* – dieser Forderung der „Alten Pflichten" ist nichts hinzuzufügen. Die Humanistische Freimaurerei ist offen für Menschen aller Weltanschauungen und Religionen, sie ist offen auch für Menschen mit keiner religiösen Bindung im herkömmlichen Sinn, und sie muss offen sein auch für Agnostiker und Atheisten.
Sehr schlüssig wird dieser Grundsatz auf einer Internetseite aus der Frauengroßloge von Deutschland zum Ausdruck gebracht:

> *„Die Mitglieder unserer Logen sind nicht alle religiös oder gläubig. Diejenigen, die gläubig sind, gehören unterschiedlichen Religionen und Konfessionen an. Und das ist gut so. Schließlich sind wir ein ethischer Bund und keine Religion. In unserem Kreis*

sind Agnostikerinnen, Atheistinnen und religiös glaubende Menschen gleichermaßen willkommen – und das obwohl in manchen freimaurerischen Schriften auch heutzutage noch behauptet wird, dass ein überzeugter Atheist dem Freimaurerbund nicht beitreten kann …

Das Symbol des GBaW – Großer Baumeister aller Welten – steht in der Freimaurerei des 21. Jahrhunderts nicht für das Gottesverständnis verschiedener Religionen, sondern für ein sinngebendes Prinzip, für eine über das eigene Ich hinausgehende Transzendenz, die nicht religiös verstanden werden muss, sondern auch immanent als Beziehung zum Du und Wir begriffen werden kann, als ein Über-Sich-Hinausgehen und Über-Sich-Hinausblicken innerhalb dieser Welt …

Es ist jeder Freimaurerin selbst überlassen, ob sie an Gott glaubt oder nicht und wie sie das Symbol des GBaW für sich persönlich mit Sinn füllt. Keine Freimaurerin darf einer anderen ihr jeweiliges Glaubens- oder Nichtglaubens-Konzept überstülpen. Das Symbol des GBaW ist in der Interpretation offen und steht nicht ausschließlich für einen wie auch immer gearteten Gott."[57]

Manchmal beneidet man die Schwestern der Frauengroßloge wirklich für ihre Fähigkeit, unbefangene Feststellungen zu treffen und dabei auch Tabuzonen zu berühren, um die

57 http://www.freimaurerinnen-muenster.de/Wissenswertes, zuletzt aufgerufen am 01.12.2015.

die Brüder Freimaurer in rituellen Tänzen eigener Art oft große Bögen machen.
In diesem Zusammenhang eine generelle Feststellung: Berührungsängste mit der Freimaurerei der Frauen sollte es nicht geben. Es gibt keine prinzipielle Begründung für die Bevorzugung von Männer-, Frauen- oder gemischten Logen. Die Frage der Zusammensetzung der Logen nach Gender-Gesichtspunkten ist eine Frage der Einschätzung des lebenspraktischen Wertes von Männer- und Frauenfreundschaft innerhalb enger Gemeinschaften, wie die Logen sie darstellen, sowie der Rolle, die dabei die freimaurerischen Rituale mit dem besonderen Charakter der Initiationen spielen. Weder die Frauengroßloge von Deutschland noch die Großloge AFuAM wollen den Aufbau „gemischter“ Logen“, und sie haben gute Gründe dafür. Diese prinzipielle Trennung der „Initiationsräume“ schließt jedoch die Möglichkeit nicht aus, Gemeinsamkeiten auf der Ebene von Kultur, Diskurs und sozialem Handeln zu erarbeiten. Im Gegenteil: Männerlogen und Frauenlogen können von zunehmenden Gemeinsamkeiten gleichermaßen profitieren, allein schon dadurch, dass die Diskurse über die Freimaurerei und ihr kulturell-gesellschaftliches Umfeld durch neue Perspektiven angereichert werden. Der deutschen Freimaurerei insgesamt käme zugute, dass sich hierdurch in der Öffentlichkeit ein von alten Männerbund-Klischees befreites Freimaurerbild entwickeln könnte.
Zurück zum Kontext Religion. Was immer die religiöse Überzeugung ist: Die Menschen, die zur Freimaurerei kommen wollen, müssen fähig sein, sich in die Gemeinschaft der Loge einzugliedern, sie müssen mit den aus der Tradition von Humanismus und Aufklärung stammenden, im Diskurs

der Brüder konkret gewordenen ethischen Prinzipien der Freimaurerei übereinstimmen, und sie müssen die Symbolwelt des Freimaurerbundes akzeptieren.
Durch ihre Symbole und Rituale bewirkt die Freimaurerei eine dreifache Einordnung des Freimaurers. Im Habitus des Bruders soll eine *moralische Ordnung* begründet werden: „Schaue in dich“, erkenne dich selbst, bewähre dich, lege das Winkelmaß an dich und dein Handeln. Es soll eine *soziale Ordnung* begründet werden: „Schaue um dich“, ich und du gehören zusammen, der „Tempelbau der Humanität“ gelingt nur in brüderlicher Verbundenheit, fühle dich dem Zirkel verpflichtet. Und es soll eine *kosmologische Ordnung* begründet werden: „Schaue über dich“, die Arbeit des Freimaurers dient einem höheren Sinn, sie erfolgt mit Bezug zur Transzendenz, wobei Transzendenz auch als innerweltliches Wertgefüge verstanden werden kann. Folge dem Gesetz, das du dir in der Gemeinschaft mit anderen Menschen selbst gegeben hast.
Beim Begriff *kosmologische Ordnung* schließe ich an Stanley J. Tambiah an:

> *„Kosmologische Ideen sind in Mythen, Ritualen, Gesetzen, Verfassungen und anderen kollektiven Repräsentationen zuhauf eingebettet ... Unter Kosmologie verstehe ich die Gesamtheit der Ideen, welche die Phänomene des Universums als geordnetes Ganzes spezifizieren und klassifizieren ... Je nach den Überzeugungen der betreffenden Gesellschaft (können) die rechtlichen Kodices, die politischen Konventionen und die Beziehungen zwischen den sozialen Klassen ebenso Teil ihrer Kosmologie sein wie ihre*

‚religiösen' Überzeugungen … Das rituelle Handeln zielt darauf, zwischen diesen kulturell differenzierten Instanzen, Ebenen, Bereichen und Ereignissen, aus denen die Kosmologie besteht, zu kommunizieren und zu vermitteln."[58]

Der Freimaurer gewinnt für die Entwicklung seiner Persönlichkeit, wenn er den Ordnungsruf des leitenden Meisters im Ritual nicht nur auf die ihm abgeforderte Geste des Respekts, sondern auch – und vor allem – auf seine Einstellung zur *moralischen, sozialen und kosmologischen Ordnung* bezieht. Denn das Ritual und der Ordnungsruf des Meisters fordern dazu auf, nach den persönlichen und subjektiv verbindlichen Strukturen dieser Ordnungen zu suchen.

---

58 Tambiah, Stanley J.: Eine performative Theorie des Rituals, a.a.O., S. 231f.

5. Das Ritual der Freimaurer im Spiegel der Ritualforschung

Die Rückkehr des Rituellen

Im Jahre 1969 schrieb die englische Sozialanthropologin Mary Douglas:

> *„Eines der ernstesten Probleme unserer Zeit ist das Schwinden des Verbundenseins durch gemeinsame Symbole ... (Es gibt) einen weit verbreiteten Abscheu und Widerwillen gegen das Ritual überhaupt. ‚Ritual' ist ein anstößiges Wort geworden, ein Ausdruck für leeren Konformismus ... Bei den Vorgängen, die wir hier und heute beobachten können, handelt es sich um eine weltweite Revolte gegen alle Formen des Rituals.“*[59]

Kurze Zeit danach hatte sich die Szenerie gründlich verändert. Man begann sich der Ubiquität und des zeitüberspannenden Charakters von Ritualen zu erinnern, man betonte zunehmend den Wert von Ritualen für den Zusammenhalt der Gesellschaft, ja man empfahl die Schaffung neuer Rituale zur Bewältigung menschlicher Alltagsprobleme von

59 Douglas, Mary: Abwendung vom Ritual, in: Douglas, Mary: Ritual, Tabu und Körpersymbolik. Sozialanthropologische Studien in Industriegesellschaft und Stammeskultur, Frankfurt am Main 2004, S. 11.

Paarproblemen über Erziehungsschwierigkeiten bis hin zu Einschlafstörungen. Die Suchmaschine „Google" führt Beispiel um Beispiel zutage.

Das, was sich im Hinblick auf die rituelle Praxis und den analytischen Umgang mit Ritualen seit den 1970er/1980er Jahren ereignete, verstand sich als „performative turn", als performative, handlungsbezogene Wende. Grundlage dafür war die Erkenntnis, dass nicht Symbole und Texte, sondern Inszenierungen und Handlungen Wesen, Wert und Wirksamkeit des Rituellen ausmachen. Es verwundert daher auch nicht, dass Wissenschaftler mit einer starken Affinität zum Theater, wie Viktor Turner[60] und Richard Schechner,[61] bei dieser „performativen Wende" eine führende Rolle spielten. In der Folgezeit wurden zahlreiche Ritualkongresse organisiert und Ritualzeitschriften begründet, wie das renommierte „Journal of Ritual Studies", das seit 1987 erscheint. Auch in Deutschland blühte die Ritualforschung in der Folgezeit auf. Hinzuweisen ist auf die zunehmende Zahl von universitären Lehrveranstaltungen, Dissertationen und Buchveröffentlichungen, vor allem aber auf die komplexen, mit Unterstützung der Deutschen Forschungsgemeinschaft eingerichteten Sonderforschungsbereiche, wie den Sonderforschungsbereich *„Ritualdynamik" – Soziokulturelle Prozesse in historischer und kulturvergleichender Perspektive* an der Universität Heidelberg, der den weltweit größten Forschungsverbund repräsentiert, der sich ausschließlich mit dem Thema Rituale, deren Veränderungen und ihrer

60 Vgl. Turner, Victor: Vom Ritual zum Theater. Der Ernst des menschlichen Spiels, Frankfurt/New York 2009.

61 Schechner, Richard: Ritual, Play and Performance, New York 1977.

Dynamik befasst, sowie den Sonderforschungsbereich *Kulturen des Performativen* an der Freien Universität Berlin, der das Verhältnis von Performativität und Textualität sowie die Funktionen und Bedeutungen des Performativen in den großen europäischen Kommunikationsumbrüchen im Mittelalter, in der Frühen Neuzeit und in der Moderne untersucht.

„Die neue Kraft der Rituale"

Folgen wir dem Selbstverständnis der Ritualforschung, so ist die aktuelle Debatte um die Wiederentdeckung des Rituals nicht zufällig. So weisen Christoph Wulf und Jörg Zirfas in der Einleitung des von ihnen edierten Bandes „Die Kultur des Rituals" – mit dem bezeichnenden Untertitel „Inszenierungen, Praktiken, Symbole" – darauf hin, dass Rituale und Ritualisierungen in der gegenwärtigen politischen Situation, die von Diskussionen um den Zerfall des Sozialen, den Verlust von Werten und der Suche nach einer kulturellen Identität geprägt sei, nicht von ungefähr eine größere Bedeutung gewönnen.[62] Seien Rituale im Zuge der 1968er Debatte um den Nationalsozialismus fast ausschließlich unter den Aspekten der Stereotypie, Rigidität und Gewalt thematisiert worden, wenn nicht gleich nur

---

62 Vgl. hierzu und zum Folgenden: Wulf, Christoph / Zirfas, Jörg: Performative Welten. Einführung in die historischen, systematischen und methodischen Dimensionen des Rituals, in: Wulf, Christoph / Zirfas, Jörg (Hrsg.): Die Kultur des Rituals. Inszenierungen. Praktiken. Symbole, Paderborn 2004, S. 7.

vormodernen Gesellschaften zugeschrieben, so hätten sie jetzt eine Brückenfunktion zwischen den Individuen, den Gemeinschaften und den Kulturen zu übernehmen. Rituale erschienen nun als *lebensweltliche Scharniere*, die durch ihren ethischen und ästhetischen Gehalt Sicherheit in den Zeiten der Unübersichtlichkeit gewähren sollten. Kurz: Rituale versprächen eine Kompensation für die mit der Moderne verbundenen Verlusterfahrungen von Gemeinschaftlichkeit und Kommunikationsmöglichkeiten, von Identität und Authentizität, von Ordnung und Stabilität.

Für Wulf erlauben sich keine Zweifel an der sozialen Funktionalität von Ritualen und ihrer festen Einbettung in die Gesellschaft:

> *„Für die Entstehung und Praxis von Religion, Gesellschaft und Gemeinschaft, Politik und Wirtschaft, Kunst und Kultur, Erziehung und Bildung sind Rituale unerlässlich. Mit ihrer Hilfe werden die Welt und die menschlichen Verhältnisse geordnet und interpretiert; in ihnen werden sie erlebt und konstruiert. Rituelle Handlungen erzeugen einen Zusammenhang zwischen Geschichte, Gegenwart und Zukunft; sie ermöglichen Kontinuität und Veränderung, Struktur und Gemeinschaft sowie Erfahrungen des Übergangs und der Transzendenz."*[63]

An anderer Stelle thematisiert Wulf die Funktion von Ritualen für die Bewältigung sozialer Dynamik:

---

63 Wulf, Christoph: Wozu brauchen wir Rituale?, http://www.earnestalgernon.de/node/154, zuletzt aufgerufen am 04.12.2015.

> *„Im Zusammenhang mit der wachsenden Bedeutung von Individualisierung und Selbstbestimmung in den modernen Gesellschaften begegnet man manchmal der Auffassung, dass Rituale heute überflüssig seien und durch andere soziale Praktiken ersetzt werden können. Eine solche Auffassung ist nicht einmal bei der Anwendung eines sehr traditionellen Ritualbegriffs haltbar. Nach wie vor ist gemeinschaftliches Leben ohne Rituale und Ritualisierungen nicht möglich. Denn jeder Wandel bzw. jede Reform von Institutionen und Organisationen bedarf auch einer Veränderung der Rituale.“*[64]

Es ließe sich tatsächlich, so sekundiert der Heidelberger Ritualforscher Axel Michaelis,

> *„eine neue Kraft der Rituale beobachten, auch wenn sie in weiten Teilen nur die alte ist, die wir wiederentdecken. Und vielleicht sehnen wir uns sogar nach dieser Kraft, weil um uns alles flüchtiger geworden ist, sehnen uns nach dem Halt, den Rituale geben oder geben sollen.“*[65]

Folgt man den Ansätzen der Ritualforschung wie der eigenen Erfahrung, so sind in der Tat viele Gründe für die Entwicklung und Praktizierung von Ritualen ersichtlich: Rituale *integrieren*, Rituale *vermitteln Ordnungsvorstellungen*, Rituale sorgen für *Legitimität*, Rituale schaffen

---

64 Ebenda.

65 Michaels, Axel: Vorwort, in: Michaels, Axel (Hrsg.): Die neue Kraft der Rituale, Heidelberg 2008, S. 8f.

Grundvertrauen, Rituale schaffen *zwischenmenschliches Vertrauen*, Rituale fördern *Identität*, Rituale *motivieren*, Rituale vermitteln *gehobene Lebensgefühle*. Rituale sind aber auch *missbrauchbar*, insbesondere politisch und religiös! Gleichzeitig betonen Wulf und Zirfas – und hierin stimmen sie mit vielen ihrer Ritualforschungskollegen überein –, dass es angesichts der zentralen Bedeutung von Ritualen in zahlreichen unterschiedlichen gesellschaftlichen und kulturellen Feldern keine allgemein akzeptierte Theorie des Rituals geben könne.[66] Dafür seien die Positionen und Methoden in den verschiedenen Wissenschaften zu unterschiedlich. Vielmehr würden je nach Forschungsfeld, Disziplin und methodischem Ansatz unterschiedliche Aspekte betont und unterschiedliche *Dimensionen des Rituellen* für wesentlich erachtet. Es sei erforderlich, eine Vielfalt von Gesichtspunkten zu thematisieren und dadurch die Komplexität des Feldes sichtbar zu machen, was angemessen nur im Zusammenwirken mehrerer Disziplinen, also in transdisziplinärer Forschung, erfolgen könne.

Bevor ich nun versuche, eine Anzahl der im Ritualdiskurs der Forschung erörterten Ritualdimensionen aufzuzeigen, insbesondere solche, die von erkennbarer Relevanz für freimaurerische Rituale sind, möchte ich mit ein paar Bemerkungen auf das wechselseitige *Verhältnis zwischen Ritualforschung und Freimaurerei* eingehen, das ich – um es pointiert zu sagen – für unbefriedigend und korrekturbedürftig halte.

66 Wulf, Christoph / Zirfas, Jörg: Performative Welten, a.a.O., S. 8.

Zum Verhältnis zwischen Ritualforschung und Freimaurerei

Zunächst ist darauf hinzuweisen, dass freimaurerische Rituale in der modernen Ritualforschung kaum analytische Beachtung gefunden haben. Natürlich gibt es Ausnahmen – quasi „hell leuchtende“ Ausnahmen – wie Jan Snoek und Andreas Önnerfors, aber diese beiden hochkompetenten Ritualspezialisten sind ja nicht nur Ritualforscher, sondern auch Freimaurer und könnten daher – *by their tenure*, um es mit den „Alten Pflichten“ zu sagen –, in ihrer Forschungstätigkeit gar nicht an masonischen Ritualen vorbeigehen. Auch eine Reihe *externer*, dem Freimaurerbund nicht angehörender Autoren wie Monika Neugebauer-Wölk, Kristiane Hasselmann und Florian Maurice wäre hier zu nennen. Aufs Ganze gesehen ist es jedoch eine verhältnismäßig bescheidene Rolle, die die Freimaurerei im Rahmen der modernen Ritualforschung bisher gespielt hat. Nach den Gründen dafür möchte ich allerdings an dieser Stelle nicht weiter fragen. Vielleicht hängen sie ganz einfach damit zusammen, dass wir in unserer masonischen Innensicht die Freimaurerei als *Ort des Rituellen schlechthin* wahrnehmen, während unsere Rituale in der Perspektive der Ritualforschung eher eine untypische Randstellung einnehmen.

Ich möchte mich vielmehr der für die Freimaurerei sehr bedeutsamen *umgekehrten* Frage zuwenden, nämlich warum Methoden und Erkenntnisse der modernen Ritualforschung in den Selbstthematisierungen der Freimaurer bisher (gleichfalls) nur eine sehr geringe Rolle gespielt haben.

Dies mag an Desinteresse, an Wissensdefiziten sowie am fehlenden methodischen Zugang zur einschlägigen Fachliteratur liegen. Den tieferen und eigentlichen Grund sehe ich jedoch in der *Einseitigkeit des Ritualdiskurses*, wie er bislang in der Freimaurerei hierzulande geführt wird. Im Vordergrund der gewiss nicht kleinen Zahl ritualbezogener Betrachtungen stehen ja regelmäßig die Ritual*texte* sowie – und vor allem – die freimaurerischen *Symbole als Zeichensysteme*, die im Hinblick auf Herkunft und Bedeutung analysiert und erläutert werden. Das *Ritual als kollektives Handeln*, als *inszenierter dramatischer Prozess* mit all seinen Auswirkungen auf das Denken, Fühlen und Handeln von Individuen und Gruppen wird dagegen kaum thematisiert. Mit anderen Worten: die „performative Wende" der 1980er und 1990er Jahre, die die Dynamik der modernen Ritualforschung eingeleitet hat, hat in der freimaurerischen Selbstreflexion bisher kaum stattgefunden.

Dies kann – wie bereits erwähnt – mit fehlenden inhaltlichen und methodologischen Interessen an der Ritualforschung zusammenhängen. Dies mag aber auch auf das Bestreben zurückzuführen sein, sich *unangenehmen Fragestellungen zu entziehen*, beispielsweise der Frage, ob sich freimaurerische Rituale neben ihrer gewünschten Funktion als Faktor sozialer Integration (Stichwort „Brüderlichkeit") und Inkorporierung freimaurerischer Werte (Stichwort „Humanität") nicht auch dadurch auszeichnen, dass sie in durchaus konfliktträchtigen Mischungen Entwicklungen dienen, die *dem „offiziellen" Wertekonsens der Freimaurer widersprechen.* Als leicht zu vermehrende Beispiele dafür nenne ich die Sicherung gesellschaftlicher Einflüsse, die Herstellung von „symbolischem Kapital"[67] für individuelle Zwecke (das

67 Zur Rolle von symbolischem Kapital in der Freimaurerei vgl. Höhmann, Hans-Hermann: Habitus, Soziales Feld, Kapital:

„Ämter- und Ordensyndrom“), das Übergewicht einer bloß zeremoniellen Repräsentation sowie die mannigfaltigen Erscheinungsformen von Reformfeindlichkeit und Bewahrung obsolet gewordener institutioneller Strukturen.
Hätten diese Erwägungen etwas für sich, so stünden die deutschen Freimaurer vor der Aufgabe, sich zu einem neuen, vertieften Ritualdiskurs zu entschließen, der die Ergebnisse der modernen Ritualforschung einbezieht und sich an den *Handlungsaspekten des Rituals* orientiert. Erich Kästners berühmte Feststellung „Es gibt nichts Gutes, außer *man tut es*“ gilt für das Ritual ebenso wie die daraus abgeleitete arbeitshypothetisch-skeptische Vermutung, dass nicht alles, was man im Ritual tut, in seinen *Auswirkungen auf den Habitus der Brüder* auch gut ist.
Meine Empfehlung für den Ritualdiskurs wäre nun, sich einfach und analytisch durchaus vorläufig an den „Dimensionen“ zu orientieren, mit denen die moderne Ritualforschung unter Vermeidung rigider Theorien das Wesen der Rituale beschreibt.

Ritualdimensionen und ihre freimaurerische Bedeutung

Einige dieser Dimensionen sind für uns selbstverständlich. Trotzdem halte ich es für gut, sich ihrer zu erinnern, nicht nur um das eigene Ritualverständnis zu vertiefen, sondern

---

Freimaurerei im Lichte der Soziologie Pierre Bourdieus, in: Ders.: Freimaurerei. Analysen, Überlegungen, Perspektiven, 2., durchgesehene und überarbeitete Auflage, Bremen 2013, S. 115-131, hier S. 127ff.

auch, weil man anhand der verschiedenen Ritualdimensionen das Wesen des freimaurerischen Rituals ohne Beeinträchtigung der Arkandisziplin sehr überzeugend nach außen vermitteln kann. *„Erklären statt Enthüllen"* – längst ist es Zeit für eine solche „Wende der Darstellung" im Verhältnis der Freimaurerei zur Öffentlichkeit.
Die folgende Auflistung typischer Ritualdimensionen mit erheblicher freimaurerischer Relevanz ist zu einem großen Teil der ritualtheoretischen Literatur entnommen und folgt vor allem der Arbeit des niederländischen Religionswissenschaftlers Jan Platvoet.[68]
Was sind die uns als Freimaurer vertrauten Ritual-Dimensionen, die die Forschung beschreibt?
Welche davon hätten wir problemorientiert zu diskutieren?
Zu den rituellen Selbstverständlichkeiten ohne weitere Perzeptionsschwierigkeiten gehören zunächst die *interaktive und die kollektive Dimension* des Rituals. Das Ritual ist ein spezifischer Typus sozialer (verbaler und nichtverbaler) Interaktion zwischen anwesenden und wechselseitig ansprechbaren Personen. Es braucht als Interaktion mindestens zwei Teilnehmer, der Kommunikationstheorie entsprechend einen „Sender" und einen „Empfänger", wobei sich diese Rollen vertauschen können. Auch göttliche Wesen können in die rituelle Kommunikation einbezogen werden, kaum aber *Symbole des Göttlichen*, wie der „Große Baumeister aller Welten", – es sei denn, das Ritual würde als Gottesdienst verstanden.[69]

---

68 Platvoet, Jan: Das Ritual in pluralistischen Gesellschaft, in: Belliger, Andréa / Krieger, David J. (Hrsg.): Ritualtheorien, Opladen/Wiesbaden 1998, S. 173-190, hier S. 175-183.

69 Vgl. Höhmann, Hans-Hermann: „Von Gott und der Reli-

Selbstverständlich ist auch die *Gewohnheits-Dimension*. Das Ritual ist eine Folge sozialer Interaktionen, die durch Wiederholungen konventionalisiert sowie formalisiert und somit zur Gewohnheit gemacht werden. Prinzipiell wird das Ritual durch feste, bleibende Regeln bestimmt, die sich sowohl auf Inhalte als auch auf Modalitäten der richtigen Ausführung beziehen. Dennoch sind Rituale alles andere als starr, und „Ritualdynamik" ist ein wesentliches Element des rituellen Geschehens. In Heidelberg wurde – ich erwähnte es bereits – ein ganzer universitärer Sonderforschungsbereich für die Analyse der Ritualdynamik begründet. Auch die Freimaurerei kennt viele Veränderungen ihrer Rituale, die aus unterschiedlichen Gründen, auf unterschiedliche Weise und in ganz spezifischen Rhythmen erfolgen, Rhythmen, die auch lange Phasen der Stagnation einschließen können.

Einige Bemerkungen zur Ritualdynamik in der Freimaurerei:

Gewiss sind Symbole und Texte in freimaurerischen Ritualen präsent, aber die Rituale erschöpfen sich nicht darin. Rituale sind „Handlungsformen von Symbolen" (Thomas Luckmann). Sie sind Aufführungen und damit Inszenierungen, die sich von Mal zu Mal in unterschiedlichen Schattierungen von Gestus und Stimme, aber auch in kleineren oder größeren Änderungen der Ritual-Texte und/oder der Handlungsabläufe des Rituals niederschlagen. Dahinter können sich Zufälligkeiten bemerkbar machen, wie Erinnerungsdefizite, die dann ihre eigene stilbildende Kraft entfalten.

---

gion". Zum Religionsdiskurs in der deutschen Freimaurerei, in: Ders.: Freimaurerei. Analysen, Überlegungen, Perspektiven, 2., durchgesehene und überarbeitete Auflage, Bremen 2013, S. 179-197.

Ritualveränderungen können aber auch bewusste Motive haben, ästhetische Überlegungen etwa („es ist doch einfach *viel schöner*, wenn wir es so machen"), oder semantische Überlegungen („es ist *freimaurerisch doch viel sinnvoller*, wenn wir es so machen"). Dahinter können allerdings auch Selbstinszenierungsbestrebungen von Ritualgestaltern stehen, etwa, wenn sich ein Großmeister – abweichend vom Brauch – zu Beginn einer Großlogentempelarbeit nicht im Tempel befindet, sondern feierlich von seinem Stellvertreter einführen lässt. Solche *„kleinen" Ritualdynamiken* sind volatil, tauchen plötzlich auf und werden oft ebenso schnell korrigiert.

„Große" Ritualdynamiken sind in der Freimaurerei dagegen seltener. Eigentlich ist es seit dem 19. Jahrhundert kaum mehr dazu gekommen, auch wenn die konkreten Ritualfassungen, wie etwa beim AFuAM-Ritual, neueren Datums sind. Dies nötigt die Freimaurerei zu nicht immer gelingenden Balancen zwischen drei relevanten Polen: dem Zeitgeist, der den aktuellen Hintergrund des rituellen Geschehens bestimmt, dem Selbst- und Wertverständnis der Freimaurer, das sich wandelt, und einer Struktur der Rituale, die im Wesentlichen gleich bleibt.

Um unvermeidlich aufbrechende Widersprüchlichkeiten zwischen Ritualtext und performativer Wirkung des Rituals zu überbrücken, muss dann eine Ritualexegese einsetzen, die erklärt, was im Ritual eigentlich gemeint ist bzw. für heute gemeint sein sollte. Bedeutungsvoll – das sei in diesem Kontext noch hinzugefügt – ist eine Ritualdynamik, die für die Übernahme vieler Rituale aus den Logen der Freimaurer in die Logen der Freimaurerinnen zu konstatieren ist, nicht nur wegen der neuen Inhalte, sondern auch wegen möglicher Rückwirkungen der Rituale der Schwestern auf die Rituale der Brüder.

Eine weitere, Freimaurern durchaus geläufige Dimension des Rituals ist die *expressive Dimension*: Die Gemeinschaft wird im Ritual durch die bloße Tatsache, dass die eigenen Mitglieder daran teilnehmen, abgebildet. Die Werte der Gemeinschaft und die Beziehungen zwischen den Teilnehmern finden ihren Ausdruck in den Positionen und den Rollen, die das Ritual vorgibt. Insofern, wie das Ritual auf diese Weise Solidarität, Identität und Grenzen einer Gruppe betont zum Ausdruck bringt, wirkt es für gewöhnlich integrativ nach innen, zugleich aber auch trennend nach außen, was in gestaffelten, vielgliedrigen Gradsystemen der Freimaurer durchaus zum Problem werden kann. Die besondere Identität einer Loge innerhalb der generell freimaurerischen wird durch das Bijou, vor allem aber auch durch die Geschichte der Loge repräsentiert, an die im Ritual des Stiftungsfestes erinnert wird. Eigene Logenrituale auf der Basis übereinstimmender freimaurerischer Grundlagen, wird die Schweizerische Grossloge Alpina sie kennt, könnten die Identität der Loge weiter stärken.

Weiter nennen möchte ich – als Stichworte einer Checkliste ohne ausführliche Kommentierung – die Ritual-Dimensionen

- der *Performance* (Ritual als Drama: „das meiste, wenn nicht das ganze wird wie auf einer Bühne bewusst dargestellt“[70], wobei nicht nur generell die verschiede-

70 Moore, Sally F. / Myerhoff, Barbara G.: Secular Rituals: Forms and Meanings, in: dies.: Secular Rituals, Amsterdam 1977, S. 3-24, hier S. 7, 8, zitiert nach: Platvoet, Jan: Das Ritual in pluralistischen Gesellschaften, a. a. O., S. 180.

nen freimaurerischen Rituale, in deren Zentrum die Initiationen stehen, Bestandteile dramatischer Aufführungen sind, sondern es auch – im Ritual des Meistergrades – zum „Drama im Drama“ kommt),

- des *Performativen* (Herstellen neuer Wirklichkeiten durch Sprechakte, die das bewirken, wovon sie sprechen, Beispiel: *„Wir bauen den Tempel der Humanität!“* Es sind vor allem diese „illokutionären Sprechakte“ im Sinne von John L. Austin[71], durch die die freimaurerische Gruppe mit ihren Werten und habituellen Prägungen immer wieder neu konstituiert und geschaffen wird),

sowie

- der *Multimedialität* (Ritual als Kombination von Sprache, Mimik, Gestik, Bewegung, Licht und Musik, wobei es für die Wirkung des freimaurerischen Rituals immer darauf ankommt, die einzelnen Medien sorgfältig aufeinander abzustimmen und dafür zu sorgen, dass Sprechakte und Körperinszenierungen stets im Vordergrund bleiben).

All diese Dimensionen sind uns vertraut, können aber durchaus als kritische Maßstäbe unserer Ritualreflexion und rituellen Praxis dienen.

Keine Schwierigkeiten macht dem Freimaurer auch – zunächst jedenfalls – die *symbolische Dimension* des Rituals, der Umstand, dass Ausdruck und Kommunikation in Ritualen durch symbolisches Handeln hervorgebracht werden. Dies geschieht vor allem mittels dichter, zentraler Kern-

71 Vgl. Austin, John L.: How to Do Things with Words, Cambridge (Mass.) 1962, deutsch: Zur Theorie der Sprechakte, Stuttgart 1972.

symbole, die in einer repetitiven und redundanten Weise Schüsselkonzepte des jeweiligen gruppenspezifischen *Glaubens- und Wertesystem* darstellen. Wer von uns dächte beim Stichwort Kernsymbole nicht sogleich an die drei „Großen Lichter der Freimaurerei". Für das Ritual im Konzept der Humanistischen Freimaurerei kommt es nicht darauf an, die ganze Fülle der freimaurerischen Symboltradition aufzunehmen und auf kaum zeitgemäße Weise weiterleben zu lassen, sondern darauf, die aus der Bausymbolik und der Tradition von Aufklärung und Humanismus überlieferten Symbole und Ritualformen im Sinne einer wirkungskräftigen Verbindung von Herkunft und Zukunft auf Freimaurer und Logengruppe Einfluss nehmen zu lassen.

Vertraut sind wir auch damit, „dass Rituale mit einer im höchsten Maße symbolisch aufgeladenen Grenz- und Übergangserfahrung verknüpft sind"[72], mit der sich vor allem der Ethnologe und Theateranthropologe Viktor Turner beschäftigt hat. Im Rückgriff auf Arnold van Genneps „Rites de Passage" unterscheidet Turner drei Phasen des rituellen Übergangs: die *Trennungsphase*, in der der Initiant seinen bisherigen Status verlässt, die *Schwellenphase*, in der er sich in einem Zustand der Unbestimmtheit, der Liminalität, befindet sowie die *Phase der Wiedereingliederung*, in der der Initiant schließlich zu seinem neuen Status gelangt und so den Fortbestand der Gemeinschaft sichert.[73] Die *Dimension der Grenz- und Übergangserfahrung*, die im Ritual

---

72 Fischer-Lichte, Erika: Einleitung. Zur Aktualität von Turners Studien zum Übergang vom Ritual zum Theater, in: Turner, Viktor: Vom Ritual zum Theater. Der Ernst des menschlichen Spiels, Frankfurt/New York 2009, S. vi.

73 Vgl. Turner, Viktor: Vom Ritual zum Theater, a.a.O., S. 34-38.

aller initiatischen Bünde eine wesentliche Rolle spielt, bestimmt weitgehend auch Gestalt und Funktion des Rituals in der Freimaurerei.
Ganz wichtig ist die Dimension der Ritual-*Ästhetik*. Das Ritual muss „schön“ ausgeführt werden, hässlich ausgeführte Rituale scheitern in ihrer Wirkung. Konkret: Es kommt auf die sprachliche Schönheit der Ritualtexte an, ihren Sinn und ihre inhaltliche Stimmigkeit, aber auch auf die Art zu sprechen, auf die Abstimmung von Lautstärke und Sprachrhythmus, die „Lichtregie“ sowie auf den Ausdruck und die kommunikative Kraft der Körper, die sich im Sinne einer wohlüberlegten rituellen Choreographie im Tempelraum bewegen. Alle Ritualteilnehmer, nicht nur die „Ritualbeamten“, sind für das rituelle Gelingen verantwortlich. Sie haben den Prozess des Rituals mitzuvollziehen und dürfen ihn keinesfalls stören, indem sie etwa korrigierende Zwischenrufe machen. Vom Grad der Ästhetik beim Ablauf des Rituals und von der Ritualkompetenz der das Ritual ausführenden Brüder hängt letztlich ab, ob sich jene *emotionale Verzauberung* einstellt, die das „Geheimnis“ des freimaurerischen Rituals ausmacht, das in der Tat als *erlebte* Verzauberung nicht verraten werden kann, und das im Grunde sehr wesentlich ja auch ein *subjektives Geheimnis* ist, das jeder Freimaurer auf seine ganz spezifische Weise erlebt.
Zur Ritualästhetik gehört nicht zuletzt die Ritualmusik, der ich einen eigenen Abschnitt widmen möchte.

Exkurs Ritualmusik

Früh schon wurde in den Logen musiziert und gesungen, zuerst beim heiteren Beisammensein nach der rituellen Arbeit, später – vor allem seit der zweiten Hälfte des 18. Jahrhunderts – auch im Ritual. Die Lieder bei der Tafel waren zunächst oft freimaurerisch adaptierte Volkslieder, teilweise sogar ausgesprochene Gassenhauer. Mit dem Aufkommen der *Tafellogen-Rituale*, die seit Mitte des 18. Jahrhunderts in Frankreich entstanden und bald nach Deutschland übernommen wurden, wurde die Musik verfeinert. Bis in das frühe 20. Jahrhundert hinein waren die Tafellogen von maurerischer Musik – Instrumentalkunst, eigens für Solo-Stimmen komponierte Freimaurerlieder und Chorgesang der Logenbrüder – begleitet, weshalb die Tafelmusik oft sehr reichhaltig war.

Doch die Freimaurer waren nicht nur heiter und gesellig, sie waren auch ernsthaft und besinnlich, und dieser Wesenszug hat sich gleichfalls in der freimaurerischen Musik niedergeschlagen. Zunächst wurden Kirchenliedern oder Huldigungs-Hymnen freimaurerische Texte unterlegt. Die englischen Brüder Freimaurer sangen beispielsweise nach der Melodie von „God save the King“ den Text „Hail masonry devine“. Nachdem die Musik zu einem *festen Bestandteil auch der freimaurerischen Rituale* geworden war, stieg die Zahl der Kompositionen für den Logengebrauch stark an. Ihren Gipfel erreichte die freimaurerische Musik zweifellos durch Mozart, der neben der Zauberflöte und dem instrumentalen Höhepunkt seiner „Maurerischen Trauermusik“ eine Reihe von Einzelgesängen und Kantaten für seine Wiener Loge komponierte.

Weniger gut steht es um die *freimaurerische Musik in der Gegenwart*. Dies hängt einmal damit zusammen, dass die Zahl qualifizierter Musiker – Sänger wie Instrumentalisten – in den Logen stark zurückgegangen ist. Musik von Tonträgern ist oft die unvermeidliche Alternative. Ritualmusik von Tonträgern müsste auch nicht generell unzureichend ausfallen, denn die Wiedergabequalität hat sich stark verbessert. Leider ist jedoch – von lobenswerten Ausnahmen (!) abgesehen – die *Musikkultur der deutschen Logen unterentwickelt*, die Vielfalt des Möglichen überfordert nicht selten die Fähigkeit zur sinnvollen Auswahl von Musik für rituelle Zwecke, und die Leistungen der Ritualkommissionen auf diesem Gebiet können nicht befriedigen, jedenfalls im Bereich der Großloge AFuAM. Es ist dringend erforderlich, die hier vorliegenden Defizite konzeptionell und praktisch aufzuarbeiten. Warum gibt es – bei so vielen Ämtern – eigentlich keinen Musikmeister der Großloge?

Im Einzelnen lassen sich die *folgenden Funktionen der Musik* in der Loge und im Ritual unterscheiden:

Zunächst ist Musik ein *Element der Geselligkeit und der Kultur* in der Loge. Musik ging und geht dabei über das Ritual im engeren Sinne hinaus. Sie dient der (gehobenen, anspruchsvollen) Unterhaltung und der freimaurerischen Festlichkeit auch und insbesondere im außerrituellen Rahmen. Gerade viele größere und kleinere Werke der „klassischen" Freimaurer-Komponisten – begonnen mit Mozart – sind *keine Ritualmusiken im engeren Sinne* (und sind auch als solche nicht geeignet).

Fragen wir nach eigentlicher Ritualmusik, d. h. Musik, die im Ritual verwendet wird, so lassen sich wiederum verschiedene Funktionen der Musik erkennen:

- Musik trägt zur *„Rahmung" (Framing) des Rituals* bei, so etwa beim Einzug und Auszug der Brüder (und Schwestern).
- Musik unterstreicht die *Bedeutung von Textpassagen und Körperinszenierungen* (etwa Hinweise in den Ritualbüchern: „An dieser Stelle laute Musik").
- Musik erlaubt – indem Pausen akzentuiert werden – ein *Nachfühlen und Reflektieren* von Textpassagen.
- Musik befördert das *„Fließen" (Flow) des Rituals* und trägt dazu bei, dass das Ritual im Zeitablauf als Einheit empfunden wird.
- Vor allem aber vermittelt Musik *Stimmung* und schafft eine *spirituelle Atmosphäre.*

Auf Zweierlei ist jedoch strikt zu achten:

1. Einmal muss sich die gewählte *Musik dem Ritual ein-, ja unterordnen.* Musik im Ritual darf das Ritual nicht in ein Gesprächskonzert transformieren. Längere Passagen oder auch Bruchstücke von Sinfonien etwa entfalten oft ein Eigengewicht, das das Ritual gleichsam *beiseite schiebt* und den aufgezeigten Funktionen einer gelungenen Ritualmusik nicht entspricht. Die gewählten Musikstücke – ob live, ob Konserve – müssen kurz und in sich abgeschlossen sein. Die von ihr ausgehenden Impulse haben der Funktion zu entsprechen, die sie im Ritual innehaben sollen. Musik darf weder dominant sein noch Stimmungen hervorrufen, die der Emotionalität des Rituals nicht entsprechen.
2. Zum anderen muss die Musik, vor allem, wenn sie mit Text verbunden, d. h. Gesang ist, *der konkreten rituellen Situation entsprechen*, in der sie zum Einsatz kommt. Die Zauberflöten-Arie „In diesen heiligen Hal-

len" etwa dürfte eigentlich an der Stelle, wo sie meist ertönt, beim Eintritt des Suchenden nämlich, nicht erklingen. Denn ihr Text – von den Autoren der Oper in einer zwar emotional aufgeladenen, doch eher familiären Gesprächssituation zwischen Sarastro und Pamina platziert – soll die von der Mutter zum Mord an Sarastro bestimmte Tochter beschwichtigen und taugt eigentlich nicht als Einleitung einer ernsten, ja bedrohlichen rituellen Prüfung, wozu die Arie im deutschen Logenbrauch regelmäßig verwendet wird. Mozart und Schikaneder wussten genau, welche Musik mit welchem Text zu Beginn des Initiationsprozesses stimmig ist: der Gesang der „geharnischten Männer" mit den Worten:

„Der, welcher wandert diese Straße voll
Beschwerden,
Wird rein durch Feuer, Wasser, Luft und Erden;
Wenn er des Todes Schrecken überwinden kann,
Schwingt er sich aus der Erde himmelan."

Um den aufgezeigten Defiziten zu begegnen, wäre es – etwa für das Ritualkollegium der Großloge – wünschenswert, sich eingehend mit den zuvor erwähnten Kriterien einer praktischen Ästhetik der Freimaurerei zu beschäftigen und sich auch der freimaurerischen Musik mit grundsätzlichen Überlegungen und Vorschlägen für die Ritualpraxis der Logen zuzuwenden. Dabei wäre natürlich der musikalische Bestand zu prüfen, den uns unsere musikalischen Meister an dezidierten Ritualmusiken hinterlassen haben. Aber auch im Vorrat der nicht primär für Freimaurerrituale komponierten Musik der masonischen Klassiker könnten wir fündig werden. Ich schätze z. B. Mozarts Kammermusik für Holzbläser (Klarinette und Bassetthorn) oder die „Harmonie-Fassungen" seiner Opern. Neuere Ritualmusiken wären auf ihre Stimmigkeit zu prüfen, etwa die „Pyrmonter Ritualmusik" von Marc Roland (bei der ich selbst freilich gewisse Vorbehalte habe, weil mir ihre Feierlichkeit nicht frei von depressiven Zügen scheint). Oft geeignet sind Stücke der Barock-Musik, aber man muss sie richtig auswählen. Emotional passend und zudem kurz und in sich abgeschlossen sind für mich Teile der von euro-asiatischer Kultur inspirierten Klaviermusik von Georgi Iwanowitsch Gjurdschijew und Thomas de Hartmann.

Ich nehme zum Schluss noch einmal den Gesichtspunkt *spirituelle Atmosphäre und Stimmung* auf, der für mich ganz zentral für das freimaurerische Ritual, insbesondere für die Emotionalität des Ritualerlebens ist:

Stimmung ist – insbesondere Martin Heidegger hat nachdrücklich darauf verwiesen – eine sehr ursprüngliche Seinsart des Menschen. Die emotionale Befindlichkeit des Menschen, seine Stimmung eben, erschließt die Welt noch vor dem theoretischen Verstehen. Stimmungen eröffnen Sinnzusammenhänge und vermitteln Impulse zum Handeln. Insbesondere der Tübinger Philosoph und Pädagoge Otto Friedrich Bollnow hat dabei die Bedeutung gehobener Stimmungen wie Glück, Freude, „Festigkeit des eignen Selbst", Überzeugungsgewissheit, Verbundenheit mit anderen Menschen, Getragensein, Geborgenheit und Vertrauen für die psychische, geistige und moralische Entwicklung des Menschen eindrucksvoll hervorgehoben, vor allem in seiner durchaus für die Freimaurerei wieder zu entdeckenden Schrift „Das Wesen der Stimmungen".[74]

Das Erzeugen solch guter, gehobener Stimmungen ist nun auch ein ganz zentrales inneres Form- und Gestaltungsprinzip der Freimaurerei, insbesondere des freimaurerischen Rituals, wobei die freimaurerische Musik wiederum in besonderem Maße beteiligt ist. Musik gehört zur Freimaurerei – in Ritual und Geselligkeit – und trägt sehr wesentlich dazu bei, dass die „Königliche Kunst" in ihrer Gesamtheit in der Lage ist, neue Gemütslagen zu entdecken und seelische Bereiche konstruktiv zu erweitern. Musik generiert eine festlich gehobene, eine – dennoch! – optimistische Stimmung, eine Gefühlslage, die positive Empfindungen mit Ordnung und Maß verbindet, und die hilft, jene „gesellige Vernunft" zu bewahren, die seit den Tagen der Aufklärung immer wieder kennzeichnend für die Kultur der Freimaurerei gewesen ist. Das Herstellen von Stimmungen durch den Zusammenklang von Worten, symbolischen Handlungen, Bildern und Musik ist wohl auch das wichtigste pädagogische Medium der Freimaurerei in der Gegenwart.

Freimaurerei bedeutet auch heute sehr wesentlich die Einladung, sich *besser zu fühlen*, um die Möglichkeit zu erfahren, *besser zu werden*.

---

74 Bollnow, Otto Friedrich: Das Wesen der Stimmungen, Frankfurt a. M. 1941, 8. Aufl. 1995.

Die Ambivalenz des Rituellen

Schwieriger wird es allerdings, wenn wir über einen weiteren Aspekt der symbolischen Dimension des Rituals nachdenken, den Umstand nämlich, dass im *„Hier“ des Rituals* auf symbolische Weise etwas vollzogen wird, das sich auf ein *„Dort“ im außerrituellen Bereich* bezieht, dass die Symbole auf etwas verweisen, das zwar im Ritual nicht anwesend ist, auf das symbolisch-rituelles Handeln jedoch unabweisbar bezogen ist.[75] „Meine Brüder, baut *draußen* weiter daran, wozu wir *hier* an stiller Stätte den Grundstein gelegt haben“, ist eine Formel, die Freimaurer wörtlich oder dem Sinne nach regelmäßig in ihren Ritualen verwenden. Damit wird auf die Notwendigkeit einer steten Entsprechung zwischen dem *Auftrag des Rituals* und einem *Alltagsverhalten* verwiesen, das aufgrund der im Ritual vermittelten Wert- und Verhaltensgrundlagen erfolgt. Doch ist die Annahme einer solchen Entsprechung innerhalb der Freimaurerei nicht eine Illusion? Wird das Ritual – statt ein über symbolische Orte und Zeiten hinausweisendes Handlungskonzept zu sein – nicht allzu oft zum Endzweck der Freimaurerei verkürzt, um den sich dann das Hamsterrad administrativer Routinen, narzisstischer Eitelkeiten und persönlicher Auseinandersetzungen dreht?

Zur Erklärung des dramatischen Absturzes der Freimaurerzahlen in den USA von 4 auf 1,6 Millionen innerhalb weniger Jahrzehnte heißt es in einer hochinteressanten Ursachenanalyse der Masonic Service Association of North America

75 Vgl. Dücker, Burckhard: Rituale. Formen – Funktionen – Geschichte, Stuttgart/Weimar 2007, S. 33.

mit dem bezeichnenden Titel *IT'S ABOUT TIME! Moving Masonry into the 21st Century*:[76] „Masonic tradition became locked in ritual as an end, not as a process."

„Locked in Ritual" – kann das Ritual auch zur Fessel werden? Etwa, indem es stets nur auf das nächste Ritual und nicht auf die zu gestaltende Wirklichkeit verweist, oder indem es Ersatzbefriedigungen anbietet, die mit dem Kern der Freimaurerei nichts zu tun haben?

Wir sollten darüber nachdenken.

Schließlich noch – als eine weitere problematische Dimension, die Ritualen zufallen kann – die *strategische Dimension*, die mit dem zuletzt Erörterten in Verbindung steht. Rituale können auch dazu verwendet werden, *Gruppeninteressen zu fördern und Machtpositionen selbsternannter Eliten zu festigen*. Wie die politische Praxis totalitärer Systeme zeigt, werden regelmäßig Rituale eingesetzt, um die gewünschten politischen Rangordnungen durchzusetzen und die Unterwerfung der Beherrschten unter die Institutionen und Personen der Führung zu verstetigen. Es sind nicht zuletzt die *Rituale der Herrschaft*, die die Willkür der Unterwerfung emotional, habituell und kognitiv in eine *natürliche*, von *der Vorsehung* oder *von der Geschichte* bestimmte Ordnung verwandeln sollen.

Rituale bedürfen folglich stets der Hinterfragung, welchen Interessen sie dienen und mit welchen Auswirkungen auf die Struktur und das Zusammenleben der im Ritual dargestellten Gemeinschaft sie verbunden sind. Dies gilt auch für den Fall, dass sie – wie die Rituale der Freimaurerei – prinzipiell von der Gleichheit aller Mitglieder der Gemeinschaft aus-

---

76 http://www.msana.com/aboutime_foreword.asp

gehen, jedoch nicht selten in Gefahr geraten, diese Gleichheit durch *Rangerhöhungsrituale* sowie durch aufgefächerte *Gradhierarchien* direkt oder durch die *Auswirkungen einer dysfunktionalen Ritualpraxis* indirekt in Frage stellen.
So gibt es Logen, wo weder die innere Praxis noch die Außendarstellung dem Wesen einer durchdachten, konsistenten, *ohne Blamage-Risiko auch von außen befragbaren* Freimaurerei entspricht. Und dasselbe gilt für die übergeordneten Einheiten des Aufbaus der Freimaurerei: die Distrikts-, Provinzial- und Großlogen, die bruderschaftlichen Vereinigungen, die Stiftungen und dergleichen mehr. Auch hier gibt es auf der einen Seite Leitungscharisma und eindrucksvolle Gestaltungskraft, auf der anderen Seite konzeptionelle Irritation, administrativer Leerlauf und Führungsschwäche. Hin und wieder entstehen gar Ämterkartelle, deren Mitglieder nicht der Versuchung widerstehen, formelle, satzungsgemäße Entscheidungsstrukturen zu umgehen und Großlogenleitung im Stil von „Küchenkabinetten" zu betreiben.
Wie lassen sich solche Fehlentwicklungen erklären?
Zumindest teilweise dadurch, dass sich in der Freimaurerei *auch* Struktur- und Praxisformen antreffen lassen, die – gelinde gesagt – zumindest „problem*verdächtig*" sind.
Hierzu gehören insbesondere

- Ämterhierarchien,
- Titel, Orden und Ehrenzeichen sowie
- vielgliedrige Gradsysteme.

Diese Formen sind geeignet, Widersprüche auszulösen zwischen einer Logenrealität, die „bürgerliche" Unterschiede und Rangstufen verfestigt, statt sie zu überwinden, und dem freimaurerischen Konzept des Menschen, der – so Lessing –

als „bloßer Mensch“ anderen „bloßen Menschen“ in der Loge begegnet. Werden diese Formen nicht kritisch reflektiert und in ihren Auswirkungen kontrolliert, so können sie statt zur Herausbildung eines Habitus der Mitmenschlichkeit und Gleichberechtigung zur Generierung und Verfestigung eines narzisstischen Habitus, eines Habitus der Anmaßung und Eitelkeit führen.

Mein Fazit zum Schluss: Die Ritualforschung bietet dem freimaurerischen Ritualdiskurs spannendes Material und viele interessante Fragestellungen. Wir sollten dieses Material nutzen und unsere Ritualdiskurse ernsthaft und ohne Tabus führen. Dies schulden wir uns selbst. Dies schulden wir aber auch der uns umgebenden Öffentlichkeit mit all ihren Verständnisschwierigkeiten und Informationsdefiziten.

Und wir sollten auch die *Rituale der Freimaurerinnen* in unsere Betrachtung einbeziehen. Diese Rituale können ja auf einem hohen Stand des rituellen Wissens in einem freieren Milieu ohne Tabus und institutionelle Denkbegrenzungen gestaltet werden. Deshalb bieten die Rituale der Freimaurerinnen, vorausgesetzt unsere Schwestern nutzen diese Gestaltungschance und vermeiden eine Wiederholung masonischer Fehlentwicklungen, einen weiteren Maßstab kritischer Selbstreflexion, den wir nutzen sollten.

Prof. Dr. Hans-Hermann Höhmann

Ehrenvorsitzender der Freimaurerischen Forschungsgesellschaft *Quatuor Coronati* und Redner der *Großloge der Alten, Freien und Angenommenen Maurer von Deutschland.* Geboren wurde Höhmann 1933 in Kassel, er studierte Wirtschafts- und Sozialwissenschaften in Marburg/Lahn und Berlin, promovierte in Frankfurt am Main und war Gastwissenschaftler an der Harvard Universität, am George F. Kennan-Institut in Washington und an der University of California, Berkely. Ab 1988 war Höhmann Honorarprofessor für Politikwissenschaften an der Universität zu Köln. Gleichzeitig war er leitend an einem Beratungsinstitut der Bundesregierung tätig. Von 1998 bis 2004 Mitarbeiter der Universität Bremen, ist er seitdem freiberuflicher wissenschaftlicher Publizist. Höhmann veröffentlichte zahlreiche Arbeiten auf den Gebieten Osteuropawissenschaften, Transformationsforschung und Freimaurerforschung. 2011 erschien sein Buch „Freimaurerei. Analysen, Überlegungen, Perspektiven" (2., durchgesehene Auflage 2013). 2013 veröffentlichte er im Salier Verlag die Schrift „Zwischen Aufklärung und Esoterik. Humanistische Freimaurerei als Projekt für das 21. Jahrhundert" (2., durchgesehene und erweiterte Auflage 2014) und 2014 „Identität und Gedächtnis. Die ‚völkische Freimaurerei' in Deutschland und wie man sich nach 1945 an sie erinnerte".

Hans-Hermann Höhmann

Zwischen Aufklärung und Esoterik

Humanistische Freimaurerei als Projekt für das 21. Jahrhundert

inklusive CD ROM mit Präsentation „Humanismus als Grundlage – Humanität als Praxis"

ISBN 978-3-943539-26-4
Salier Verlag
Softcover
74 Seiten, 12 x 19 cm
2., durchgesehene und erweiterte Auflage 2014
EUR 12,00

Die 1. Auflage des Buches (ohne CD ROM) ist auch weiterhin zum Preis von EUR 7,00 erhältlich (ISBN 978-3-939611-91-2)

Hans-Hermann Höhmann, Freimaurer und Freimaurerforscher, entwickelt das Projekt einer Humanistischen Freimaurerei. Bezugspunkte seiner Konzeption sind die Anforderungen der Gegenwart sowie die Traditionen von Humanismus, Aufklärung und humanitärer Freimaurerei. Geselligkeit, ethische Orientierung und Ritual bestimmen die freimaurerische Praxis. Nicht das Streben nach esoterischer Erkenntnis ist Inhalt der maurerischen Arbeit, sondern das Bemühen um Einübung in eine Lebenskunst, die dem Freimaurer für seine Bewährung im Alltag Orientierung, Motivation und Kraft verleiht. Der Autor will nicht die Freimaurerei neu erfinden. Er erhofft sich jedoch Raum für ein Profil des Bundes, das die Identität der Logen stärkt und in der Öffentlichkeit wahrgenommen wird. Zustimmung freut ihn, doch auch Kritik ist für ihn ein Element des Fortschritts in einem vielfach von Unklarheit und Erstarrung bedrohten Bund.

Hans-Hermann Höhmann

Identität und Gedächtnis

Die „völkische Freimaurerei" in Deutschland und wie man sich nach 1945 an sie erinnerte

ISBN 978-3-943539-25-7
Salier Verlag
Softcover
120 Seiten, 12 x 19 cm
1. Auflage 2014
EUR 12,00

Deutsche Freimaurer tun sich schwer mit dem Kampf des Gedächtnisses gegen das Vergessen. Dies zeigt ihr Umgang mit der eigenen und mit deutscher Geschichte. Sie neigen dazu, unbequeme Wahrheiten über die Vergangenheit zu verdrängen und die Sicht auf die Realität des Gewesenen mit selbstgemachten historischen Kulissen zu verstellen. Besonders ausgeprägt ist diese Haltung in Bezug auf die 1920er und die frühen 1930er Jahre, im Hinblick auf die Zusammenhänge zwischen Freimaurerei, Nationalismus und Nationalsozialismus. Hier dominieren bis heute selbst verordnete Amnesie, Geschichtsklitterung und wolkiges Deuten.

Höhmann als sozialwissenschaftlichen Autor und engagierten Freimaurer hat das kollektive Wegschauen großer Sektoren der deutschen Freimaurerei gegenüber so mancher völkischen Verirrung seit langem bedrückt, und er empfand es zunehmend schlicht als peinlich, unbequeme historische Wahrheiten immer nur von Wissenschaftlern beschrieben und analytisch erörtert zu sehen, die nicht dem Freimaurerbund angehören. Deshalb legt er, gegründet auf inzwischen wieder zugängliche Quellen, mit dieser Schrift eine erweiterte Fassung seiner bisherigen Arbeiten zur völkischen Vergangenheit der deutschen Freimaurerei in den Jahren von 1918 bis 1935 und zur freimaurerischen „Erinnerungspolitik" nach dem Zweiten Weltkrieg vor.